7 Bibelske økonomiske principper

Tak

Først og fremmest ønsker jeg at takke Den almægtige Gud,
hvorfra al visdom, kundskab og velsignelser kommer.
For det andet en særlig tak til alle tilhørere ved seminar-
er verden over, som atter og atter har opmuntret mig til at
nedskrive denne undervisning og udgive den som en bog.
For det tredje bruger jeg også denne lejlighed til at takke
mine naturlige og åndelige familier for at give mig den nød-
vendige tid og plads til at arbejde med denne bog.
Til sidst en hjertelig tak til Ulf Laursen for at hjælpe med
grafik og layout, Britta Linde for oversættelse fra engelsk
til dansk, og Edith Laursen og Anni Mikkelsen for gennem-
læsning af oversættelsen.

Gud tilkommer æren.

Forord

Jeg har undervist om de syv bibelske økonomiske principper i seminarer rundt om i verden. På grund af et ønske fra tilhørerne ved disse seminarer har jeg nedskrevet denne undervisning. Denne bog er skrevet med disse tilhørere i tankerne på samme måde, som jeg ville have henvendt mig til dem i et seminar. Jeg håber og beder om, at denne undervisning vil fortsætte med at være en velsignelse for mange flere.

Lad mig skynde mig at påpege, at denne bog ikke er en opskrift på at blive hurtigt rig. Den handler snarere om syv håndgribelige udtryk for hengiven tilbedelse fra troende, som reagerer i en kærlighedsrelation baseret på ånd og sandhed. Fokus gennem hele bogen vil være på vores relation til Gud Fader i respons på, hvad Jesus gjorde på korset, som det er blevet åbenbaret for os gennem Helligånden. Velsignelserne, der strømmer ud fra denne relation er et biprodukt, som skal modtages og ikke være det primære produkt, der bliver fokuseret på.

Tilbedelse i vores åndelige forfædres tid, involverede blandt andre ting, en eller anden form for ofring af dyr, landbrugsprodukter eller materielle ting som et udtryk for hengivenhed. Formålet med offeret havde til hensigt at skabe forsoning for synder og genoprettelse af forholdet mellem Gud og mennesker. På hebraisk kan ordet synd enten oversættes som "at ramme ved siden af" (synd), "at øve vold mod troen" (overtrædelse) eller "at være skæv" (uretfærdighed). Fra Edens Have tog Gud initiativ til en mulighed for, at menneskene igen kunne få genoprettet forholdet til Gud. I Det nye Testamente erklærer Jesus, at han er vejen, sandheden og livet. Med udviklingen af den globale økonomi blev penge brugt som et middel til udveksling, til at købe ofre for. Jesus Kristus blev det ultimative offer og eliminerede blodofre en gang for alle. De tilbedelsesofre, vi kommer med i dag, er symbolske og i erindring om hans store offer på Golgatas kors. På samme måde er dåben i vand et symbol på en troendes forening med Jesus i død, begravelse og opstandelse. Det samme gælder elementerne i nadveren, hvor brødet repræsenterer Kristi legeme, og bægeret med vin repræsenterer Kristi blod i den nye pagt.

Jeg vil gerne understrege, at jeg ikke er økonom, og derfor vil jeg ikke driste mig til at udtale mig om den nuværende globale makro- eller mikroøkonomi. Det er vigtigt at påpege, at de globale økonomiske principper og Bibelens økonomiske principper ikke ligner hinanden, men i de fleste tilfælde er i modsætning til hinanden. Men som teolog og som en, der praktiserer og underviser i disse principper, vil jeg fortælle om syv bibelske økonomiske principper. Jeg håber, at du vil blive inspireret til at praktisere dem som et udtryk for hengiven tilbedelse af Gud i respons på hans kærlighed, der nådigt, overstrømmende og gavmildt blev mægtig udgydt over os.

De syv principper, som jeg vil udforske, er uafhængige af hinanden, men dog indbyrdes forbundne. Det er almindeligt i kristne kredse at høre udtryk som "tiende og gaver" nævnt samtidig, når der samles penge ind ved en typisk samling i kirken. Der er meget mere i Skriften udover "tiende og gaver", som også er uafhængige principper. Det er ikke meningen, at det enkelte princip skal praktiseres mekanisk som en humanistisk religiøs handling, for ikke at nævne manipulerende eller under tvang. Derimod er meningen, at de skal fejre, bekræfte og minde om et pagtsfællesskab mellem troende og deres skaber.

Endelig er principperne, der fremsættes i denne bog, fra Den hellige Skrift. Vi vil uden tvivl have forskellig opfattelse af deres tolkning baseret på vores egen teologiske baggrund eller tilhørsforhold til et trossamfund. Det er ikke min hensigt at prøve at overbevise læsere om den ene eller anden vej. Lad os i stedet, idet vi opfatter Guds ord som ufejlbarligt, reagere på det med tro, overbevisning og ærbødig hengivenhed. Det vil medføre ubestridelige velsignelser fra Gud, som det er meningen, at andre skal få del i.

Lad os således, hvor vi er uenige, vælge at være dette på en behagelig måde. Det vigtigste "Hvordan påvirker disse principper min private relation til min Frelser?" bør være det, der stræbes efter. Det er grunden til, at adskillige tanker igen og igen bevidst bliver gentaget, når jeg underviser ved seminarer. Jeg håber og beder, at de vil give genklang i vores ånd. I mellemtiden så slut dig til mig i denne rejse for at smage og se, at Gud er god.

Ravi Chandran.

Indhold

Kapitel 1: Tiende – anerkendelse af Jesu herredømme

Tiende er ganske enkelt en tiendedel af, hvad vi besidder eller erhverver. En tiendedel bliver betalt eller givet tilbage til Gud som en form for tilbedelseshandling. Det er ikke en gave. Det er noget, vi er skyldige, da det er den andel, der er helliget ham. Formålet med tiende er en accept af Guds herredømme og menneskets forvalterskab. Det er således en erkendelse af, at alt, hvad vi ejer, kommer fra Herren og tilhører ham. "Jorden og alt, hvad der er på den, tilhører Herren, hele verden og alle, som bor i den. Han grundlagde jorden på verdenshavene, dens fundament lagde han på havets dyb." (Salme 24:1-2).

Tiende kræves af Gud ud fra den forudsætning, at han er Skaberen, Herskeren, Forsørgeren og Opretholderen af hele skaberværket indtil i dag og i al evighed. Uden forståelse af dette princip om Guds herredømme og menneskets forvalterskab kan det virke, som om det er frivilligt at give tiende. Det er ikke meningen, at det skal være en tøvende eller tvungen gave, men en obligatorisk forordning, faktisk noget påbudt. Implikationen af dette princip eksisterede lige fra Edens Have, hvor mennesket havde lov til at spise frugterne fra alle træer i haven undtagen frugten fra træet til kundskab om godt og ondt. Selv om træet til kundskab om godt og ondt ikke var tiende i sig selv, er det underliggende princip om ikke at røre eller tage noget, som tilhører Gud, stadig gældende. Undlader man at respektere dette, vil det resultere i ulydighed, tyveri og åndelig død.

1 Mos 2:15-17

"Gud satte mennesket, Adam, i Edens Have, for at han skulle passe den, og han sagde til ham: Du må spise frugten fra alle træerne i haven undtagen det træ, som giver kundskab om godt og ondt. Hvis du spiser af den frugt, skal du dø."

Alvoren ved at spise af frugten fra det forbudte træ eller den helligede andel var åndelig død eller adskillelse fra Gud. Inden mennesket syndede og var ulydigt, var det helligt og ikke åndelig adskilt fra Gud. Der var velsignelser ved lydighed og konstant fællesskab med Gud. Ulydighed bragte kun forbandelse og adskillelse fra Gud. Befalingen om ikke at spise af træet til kundskab om godt og ondt var ikke et høfligt forslag, men en definitiv instruks. Selv om Adam ikke skabte nogen af disse træer eller deres frugt, blev han gjort til den øverste forvalter af haven og alt det skabte på jorden. Der var kun én undtagelse – den helligede andel eller et symbol på tiende. Den tilhørte udelukkende Gud. Guds herredømme og menneskets tjeneste med forvaltning var etableret, indtil mennesket bevidst ødelagde det.

Mens Adam var i færd med at navngive Guds skaberværk på jorden, passede på Edens Have og nød Evas hjælp og fællesskab, kunne det ikke undgås, at de flere gange gik forbi det forbudte træ. At de ikke kunne spise af dets frugt, var en konstant påmindelse om den helligede andel, som tilhører Gud, og deres retmæssige plads som hans skabte og lydige tjenere. Det er ret sandsynligt, at Adam og Eva indbyrdes må have haft samtaler om hele skaberværket, inklusive træet til kundskab om godt og ondt, måske også med Gud. De havde en hellig relation til Gud og hinanden i dagligt fællesskab, kommunikation og guddommelig kærlighed.

Træet til kundskab om godt og ondt etablerede forståelsen af forholdet mellem menneskene og Gud. En anden tolkning af dette forhold kunne være: "Jeg er en kærlig herre", og du er min "elskede tjener". Med andre ord, jeg er Herren, din Skaber, og du er min elskede tjener. Træet til kundskab om godt og ondt var en indikation på princippet om tiende. Det handlede ikke kun om et forbud – det var en lov, som skulle etablere Skaberens retmæssige plads i ens liv. En, som historien igen og igen har bevist, er en udfordring for menneskeheden.

I nutidigt sprog erklærer den: Jesus er Herre, og jeg er hans hengivne tjener. Alt, hvad jeg har, kommer fra ham, derfor rører jeg ikke, men tilbagegiver den helligede andel, som tilhører ham, i anerkendelse af dette princip. Dette moralske princip eksisterede lang tid før Moses' ceremonilove og fortsatte lige til Jesu tid og gør det fortsat i dag.

1 Mos 3,1-7

Slangen var den mest listige af alle de dyr, Gud havde skabt. Den kom til kvinden og sagde: "Har Gud virkelig sagt, at I ikke må spise af frugten fra noget som helst træ i haven?" "Nej, vi må da gerne spise frugt fra træerne i haven," svarede kvinden. "Det er kun frugten fra træet midt i haven, vi ikke må spise. Gud sagde, at hvis vi spiser af den, eller bare rører den, så dør vi." "I dør da ikke," hvislede slangen. "Men Gud ved, at i samme øjeblik I spiser den frugt, bliver jeres øjne åbnet for ting, I ikke før har set, og I bliver som Gud med evne til at skelne mellem godt og ondt."

Kvinden lagde nu mærke til, hvor dejlig frugten så ud, lige til at spise og få forstand af. Hun plukkede en frugt og spiste af den. Derefter gav hun den til sin mand, som stod ved siden af hende, og han spiste også af den. Straks lagde de mærke til, at de var nøgne. Derfor syede de figenblade sammen og bandt dem om sig.

Dette sørgelige afsnit i Bibelen illustrerer menneskets fald i synd. Slangen bedragede dem til at tvivle på naturen og karakteren af Guds kærlighed, beskyttelse og forsyn til at tro, at deres hemmelige ønsker kunne blive opfyldt gennem skaberværket (frugten) i stedet for Skaberen. Djævelen kaldte Gud en løgner, og desværre bed de på krogen – som mange stadig gør i dag. Jesus kaldte djævelen en løgner og løgnens fader (Johs 8,44). Uundgåeligt bukkede de under for øjnenes lyst, kødets lyst og pral med jordisk gods (1 Johs 2,16 – Den danske autoriserede oversættelse). De spiste af det forbudte træ og stjal det, der ikke tilhørte dem. At beholde tienden til sig selv svarer til, hvad der fandt sted i Edens Have – tyveri og forvisning fra paradiset.

Da Adam og Eva var faldet i synd, blev de bortvist fra Edens have, så at de ikke skulle spise af Livets Træ og leve som udødelige syndere. Det ville have adskilt dem permanent fra Gud uden nogen mulighed for forløsning, som det var tilfældet med djævelen og hans engle. Det bliver ofte overset, at den første synd var mere end at bukke under for øjnenes lyst, kødets lyst og pral med jordisk gods – den var ulydighed mod Guds befaling og berøvede ham hans helligede andel – et forsøg på at erstatte Skaberen med skaberværket. Desuden var det et udtryk for et ønske om at være som Gud, ikke hans tjener og forvalter, men ligestillet med ham (1 Mos 3,4). I Malakias kaldte Gud det bedrageri, når de tog det, som tilhørte ham (Mal 3,8). Ligesom den helligede andel tilhører Gud, således gør tienden det også.

Da Adam og Eva plejede at have fællesskab med Gud, når dagen blev køligere, må meget af kommunikationen mellem dem have drejet sig om alle mulige ting. Disse sandheder må naturligt være blevet givet videre til deres børn i tiden efter Edens Have. Det har altid været almindeligt fra tidernes morgen, at forældre giver deres erfaring og tidligere tiders viden videre til deres børn. Vi skal også huske, at der ikke var nogle egentlige skoler på den tid. Samtalerne mellem Adam, Eva og deres børn må have omfattet deres dage uden synd og den situation og de omstændigheder, som førte til deres forvisning fra Edens Have. Guds foreløbige frelsesplan med den symbolske ofring af et uskyldigt dyr (som pegede hen mod Jesu ultimative offer) må være blevet fortalt til Kain og Abel (1 Mos 3,15 og 21).

Guds kærlige godhed blev vist ved, at han forhindrede dem i at leve som evige syndere, hvis de havde spist af frugten fra Livets Træ i deres faldne tilstand. Desuden fandt den første blodsudgydelse på jorden sted, da Gud lod et dyr ofre for at lave klæder til at dække deres nøgenhed med. Dette var et tegn og symbol på Jesus, det uskyldige Guds lam, som engang ville blive ofret for at dække syndens nøgenhed i verden. Kun et syndfrit offer kan forsone menneskehedens synd og genoprette vores brudte forhold til Gud. Jesus blev den anden Adam, som adlød Gud helt til døden på et kors.

Det må være blevet gjort forståeligt for Kain og Abel, hvorfor de tilbad Gud i tro, mens de ventede på forløsning, som et udtryk for Guds kærlighed, barmhjertighed og godhed. Deres tilbedelse gennem ofring var et tegn og symbol, som mindede om den Messias, som ville blive det ultimative offer, da hans syndfri blod blev udgydt på korset til forløsning for menneskeheden. På dette tidspunkt ville Kain og Abel selv have været klædt i dyreskind, og historien må have været meget tæt på deres hjerter, når de gik omkring og arbejdede i disse klæder. Klæderne af skind var en stærk påmindelse om deres korte, men triste historie med et glimt af håb.

Adam må også have fortalt dem om den messianske profeti fra Gud om at "du skal hugge ham i hælen, men han skal knuse dit hoved" (1 Mos 3,15b), der henviser til Jesu endelige ødelæggelse af den bedrageriske djævel og hans engle. Djævelen fortsætter med at stjæle, dræbe og ødelægge Guds udvalgte (Johs 10,10). Men vores kærlige Fader giver os overflod af liv gennem Jesus Kristus. Fra hans frelses plan kom de symbolske offerritualer, som minder om Guds fantastiske og urokkelige kærlighed til den faldne menneskeslægt, som han stadig elsker. Hver gang et dyr blev ofret, var det derfor et vidnesbyrd om syndefaldet og Guds barmhjertighed, tilgivelse og kommende endelige forløsning – en hengiven tilbedelses hellige handling.

I det lys bragte Kain og Abel ofre som et symbol, der skulle være et tegn på dem bagved liggende hengivenhed og relation til Gud. Men som vi læser i 1 Mos 4,2-5, blev Kains offer forkastet og Abels accepteret. En nærmere undersøgelse af dette afsnit vil åbenbare flere principper i funktion – tre i særdeleshed. Vi vil se nærmere på to af dem i senere kapitler. 1 Mos 4.2-5.

Dernæst fødte hun hans bror Abel. Abel blev fårehyrde, mens Kain blev agerdyrker. Engang bragte Kain en offergave af jordens afgrøde til Herren. Også Abel bragte en offergave, fedtstykkerne af sit småkvægs førstefødte. Herren tog imod Abels offergave, men Kains offergave tog han ikke imod. Så blev Kain meget vred og gik med sænket hoved.

Bibelen fortæller, at efter en tids forløb bragte Kain noget af jordens afgrøde. Læg mærke til, at der ikke nævnes noget om førstegrøden. Vi vil se mere på princippet om førstegrøden i et senere kapitel. Men Abel bragte "fedtstykkerne af sit småkvægs førstefødte". Fedtet tilhørte Gud. 3 Mos 3,16-17 siger: "Præsterne skal bringe det som et madoffer, et lifligt ildoffer for Herren. Husk, at alt fedtet tilhører Herren. I må aldrig spise fedt eller drikke blod! Det er en permanent lov, som skal gælde for alle kommende generationer, hvor I end bor." 3 Mos 17,11 siger: "For blodet repræsenterer livet, som er helligt, og jeg vil, at blodet skal bruges til at stænke på alteret, for at det kan bringe soning for jeres synder. "

Kains offer var ikke en førstegrøde. Det var noget af afgrøden. Derfor behagede Kains offer ikke Gud og blev forkastet, mens Abels offer behagede Gud og blev accepteret. Kains offer er et symbol på menneskeskabt religion. Da Jesus var i Gethsemane, bad han: "Men din vilje ske, ikke min!" (Luk. 22,42). Det er en vandring i tro og lydighed. I modsætning hertil siger ulydighed: "Ske ikke din vilje, men min."

Der er en rigtig vej, den eneste vej, som er sandheden som forventet af Gud. Ordsprogenes Bog 14,12 siger: "Man kan være helt sikker på at have ret og alligevel ende med et nederlag." Menneskene fortsætter med at prøve på at forandre, ignorere eller modificere Guds veje via religion. Religion er en alternativ, selvterapi til beroligelse af samvittigheden i et forsøg på at behage Gud i overensstemmelse med vores egne regler, ritualer og regulativer.

Genoprettelse af en hengiven relation til Gud er det modsatte af menneskets fabrikation af religion. Det handler om at indrømme sine synder og erkende behovet for omvendelse og forløsning. Med andre ord sagt på almindeligt hverdagsdansk: "Gud, jeg har spoleret det! Jeg har brug for din hjælp til at ordne dette. Hjælp mig med at finde ud af, hvad jeg skal gøre." Religion på den anden side er afhængig af menneskets opfindsomhed og ikke Guds befalinger. Religion siger: "Lad min vilje ske!" Guddommelig relation siger: "Lad din vilje ske og ikke min."

Jesus sagde: "Jeg er vejen, sandheden og livet," (Johs 14,6). Med andre ord er der ikke nogen sand "religion" udover Jesu middel til at komme tilbage til Gud. Apg 4,12 siger: "Der findes ikke frelse andre steder end hos Jesus, for der er ingen andre i hele verden, som kan frelse os mennesker." Han blev det eneste syndfri offer for menneskene, så han kunne skaffe os forløsning. Igen ifølge Ordsprogene 14,12: " Man kan være helt sikker på at have ret og alligevel ende med et nederlag." Religion har udseende af åndelig fromhed, værdighed og disciplin, men mangler gudfrygtig livsforvandlende kraft. Religion er baseret på menneskets udbyttet af menneskets opdagelser og forestillinger, mens en ægte relation til Den almægtige Gud er baseret på tro. Hvorfor? Fordi vores forfædre Adam og Eva fuldstændig spolerede det, og Gud var barmhjertig mod dem og deres afkom – os.

Kains menneskeskabte religion baseret på hans egne anstrengelser under sved, slid og hårdt arbejde blev forkastet af Gud. Det var en "god" ide, men ikke Guds ide. Ingen menneskeskabt religion af nogen slags, form eller skikkelse, kan accepteres af Den almægtige Gud, da selve den faldne menneskeslægts DNA er syndig. Selve den forudsætning, som religion stammer fra, er korrupt. Med andre ord, den software, som styrer hardware, har en virus. Synd kan ikke forsone for synd, da det kræver syndfrihed at forsone for synd. Derfor skabte Guds syndfri lam, Jesus, en vej, den eneste vej, hvorved man kan blive modtaget af Gud. Det var forløsningens vej tilvejebragt af Gud selv. En handling ud fra opofrende kærlighed.

Abel fulgte ganske enkelt symbolikken gennem tro, og derfor blev hans offer accepteret. "Abel troede Gud. Derfor var han i stand til at bringe et offer, der var bedre end Kains. Gud accepterede Abels gave og viste dermed, at Abel havde et ret forhold til Gud. Abel selv er død, men hans tro er et vidnesbyrd for os endnu den dag i dag. " (Heb 11,4). Abel demonstrerede Guds herredømme over sit liv og hjorden, mens Kain ikke tog hensyn til denne betydning. Hvad der var endnu værre var, at han i stedet for at angre sin synd tog sagen i sine egne hænder og myrdede sin bror. Matt 5,21-22 siger: "I har hørt, at der blev sagt til vores forfædre: 'Du må ikke begå drab.' Hvis nogen gør det, skal de stilles for retten. Men jeg siger jer: Den, der blot bliver vred på en af sine nærmeste, burde stilles for retten. Og den, der kalder en anden for en forbandet idiot, burde straks stilles for en domstol. Og de, der kalder andre for ugudelige tåber, fortjener selv at blive kastet i Helvedes ild. "

Således er de ultimative frugter af religion røveri fra Gud. Had, uenighed, jalousi, vrede, raserianfald, vold og i sidste ende mord. Den førstefødte blev nu den første morder på planeten jorden. I stedet for at følge livets vej (Jesus) vælger han dødens og ødelæggelsens vej (djævelen). Nøjagtig hvad hans "fader" djævelen ønskede at gøre mod Gud, er skrevet i Esajas 14,14: "Jeg vil stige op til de øverste himle, komme på højde med den almægtige Gud.' Med andre ord: "Jeg vil skaffe mig af med Gud og erstatte ham med mig selv."

1 Mos 14,18-20

Også Melkizedek, Jerusalems konge, som var den højeste Guds præst, kom Abram i møde. Han havde brød og vin med. Han velsignede Abram med følgende ord: "Lovet være den højeste Gud, han, som er himlens og jordens skaber, han, som gav dig sejr over dine fjender. Må den højeste Guds velsignelse hvile over dig, Abram." Så gav Abram ham en tiendedel af alt krigsbyttet.

I 1. Mos 14 læser vi en fascinerende historie om fire kongers krig mod fem konger, hvor Lot, Abrahams nevø, blev taget til fange, fordi han boede i krigszonen. Abraham og hans husholdning var endnu ikke en nation på dette tidspunkt, Men med kun 318 trænede mænd besejrede Abraham de fire konger og vendte tilbage med byttet, inklusive sin nevø Lot og hans familie. Ved denne sejr kom de besejrede konger ud for at møde Abraham, og en mystisk skikkelse, Melkizedek, den højeste Guds præst, kom ud for at velsigne ham og servere brød og vin for ham (hvad der minder om symboler på en pagt eller Jesu legeme og blod), og Abraham betalte ham tiende at sit bytte.

Melkizedek selv var en prototype på Jesus, som der siges i Salme 110,4: " Herren har aflagt et løfte, som aldrig kan rokkes: "Du skal være præst efter Melkizedeks forbillede for evigt." Det samme citeres igen i Heb 5,6: "Og et andet sted taler Skriften således om ham: "Du skal være præst efter Melkizedeks forbillede for evigt." Begge vers taler om Messias,

Jesus Kristus. Man kan konkludere, at Abraham symbolsk betalte sin tiende til Jesus, som Melkizedek repræsenterede. Det er faktisk sådan, at når vi betaler vores tiende i dag, så betaler vi den egentlig til Jesus. Det er tankevækkende, hvis vi standser op et øjeblik og tænker over det. Da Jesus brød brødet og serverede vinen for sine disciple og kaldte det en ny pagt, er det på samme måde et minde om, hvad Melkizedek, som repræsenterede ham, modtog fra Abraham.

Abraham må have været klar over, hvor kolossal stor hans sejr var med de mulige eftervirkninger, den involverede, hvis der ville komme et modangreb. Det var bogstavelig talt en stamme, som besejrede fire konger sammen med deres hære. Det må være gået op for ham, at dette ikke var mindre end et mirakel fra Den almægtige Gud. Det var ikke muligt for mennesker, så det var afgjort Gud, der havde givet dem sejren. Derfor anerkendte han Gud ved at betale tiende til Gud den Højestes præst. Da sejren var fra Gud, var det derfor kun Gud, der fortsat kunne beskytte ham.

Igen vidste Abraham på grund af en relationel forståelse, at tienden etablerede hans hengivenhed over for Gud, den Højeste som Herre, og hans plads som et dødeligt menneske, der havde brug for hans pagtsbeskyttelse. Hvordan kunne det, der bare var en stamme, ellers være blevet involveret i sådan en enorm geopolitisk krig og komme ud af den med en overvældende sejr? Hvilket dødeligt menneske kan besejre fire konger og deres hære med 318 mænd, selv om de var veltrænede – med mindre en guddommelig styrke var involveret. Vi læser i 1 Mos 15,1: "Senere talte Herren til Abram i et syn: "Vær ikke bange, Abram, for jeg er med dig, og jeg vil belønne dig rigeligt." Hans tro og tillid til Gud gav ham velsignelsen ved beskyttelse og belønning. Blandt andet frygtede Abraham også for, at han ikke ville have noget afkom til at arve hans store rigdom og fortsætte hans slægtslinje. Da stiftede Herren en ubetinget pagt med Abraham om ikke kun at beskytte ham, men også at gøre hans afkom så talrigt som stjernerne på himlen. Abraham troede Gud, og det blev regnet ham til retfærdighed (1 Mos 15,6).

1 Mos 28,18-22.

Da Jakob stod op tidligt næste morgen, tog han den sten, han havde brugt til hovedpude, og rejste den på højkant som en mindesten. Derpå hældte han olivenolie ud over den for at indvi stedet til Gud, og han kaldte stedet Betel. Det var i nærheden af den landsby, som i gamle dage hed Luz.

Jakob aflagde nu følgende løfte: "Hvis Herren vil være med mig, beskytte mig på rejsen, sørge for mad og klæder og bringe mig sikkert hjem til min far – så skal Herren være min Gud! Og den mindesten, som jeg har rejst her, skal være et sted, hvor man tilbeder Gud. Jeg vil også give Gud en tiend-edel af alt, hvad han giver mig."

I 1 Mos 28 læser vi historien om Jakob, som flygtede fra sin broder Esau, efter at han havde stjålet hans førstefødselsret. Jakob var på vej til sin onkel Laban. Midtvejs på rejsen faldt Jakob i søvn og havde en drøm om en stige til himlen med engle, der steg op og ned ad den. Da Jakob vågnede, tog han initiativ til en af de afgørende begivenheder i sit liv: han ind-gik en pagt med Gud. Mens han nu var på flugt fra sin broder af frygt for hans vrede og med en usikker fremtid foran sig, forpligtede han sig til at anerkende Guds herredømme over sin fremtid, ved at ære ham med at betale tiende af alt det, han ville komme til at eje.

For Jakob var dette et livsforvandlende øjeblik.Alle de frem-tidige udfordringer, velsignelser, sorger og glædelige be-givenheder i hans liv kunne føres tilbage til dette afgørende møde med Gud. Tienden etablerede dette bånd mellem ham og Gud. Gud beskyttede ham virkelig indtil hans høje, modne alder og belønnede ham hele vejen, uanset hvilke udfordringer han mødte.

Mal 3,6-12.

"Jeg, Herren, har ikke forandret mig. Og der er stadig en rest tilbage af mit folk, Jakobs efterkommere. Lige siden jeres forfædres tid har I haft problemer med at overholde mine befalinger. Vend om og kom til mig, så vil jeg komme jer i møde.

I siger: 'Vi har da aldrig vendt os bort fra dig!'

Men jeg siger: Synes I, det er i orden, at mennesker bedrager Gud? For det er præcis, hvad I har gjort!

'Hvordan har vi bedraget dig?' spørger I.

Ved at fratage mig den tiende og de ofre, som tilkommer mig. I har alle bedraget mig, og derfor rammer dommen hele folket. Bring hele min tiende til forrådskammeret, så der bliver rigeligt med mad i mit hus. Sæt mig på prøve, så skal I se, at jeg åbner himlens sluser og overøser jer med velsignelser. Så vil jeg holde græshopperne væk, så jeres marker igen kan give en god høst og jeres vinmarker producere mange vindruer Og alle folkeslag vil tale om, hvor velsignede I er, for jeres land bliver et dejligt sted at bo, siger Herren, den Almægtige!"

Vi læser i Malakias om selvtilfredsheden hos nationen Israel (Jakobs efterkommere). Tidligere var de i fangenskab i Babylon på grund af deres vedvarende synder, som de ikke omvendte sig fra. Da de var kommet tilbage til det forjættede land, var de blevet selvtilfredse igen med hensyn til deres tilbedelse af Gud. Gud prøvede stadig at nå dem og refererede til dem som Jakobs efterkommere og understregede den pointe, at hans relationelle pagt aldrig var blevet ændret. Det var faktisk dem, der havde ændret sig. Det er interessant at bemærke her, at Gud brugte navnet Jakob, som betyder "bedrager" i stedet for det nye navn Israel, som betyder "Guds fyrste" eller "Den, der har kæmpet med Gud". Sagen her er, at nationen enstemmigt havde valgt at bedrage Gud ved at tilbageholde deres tiende og gaver og dermed havde forkastet hans herredømme.

Hovedårsagen til, at Guds folk ikke havde fremgang, skyldtes den kendsgerning, at de bedragede Gud. Her bør man standse et øjeblik og oprigtigt stille dette spørgsmål: "Var Gud interesseret i den materielle tiende og gaverne (med tanke på, at han skabte alle ting), eller var det, han søgte efter, den hengivne relation mellem hans pagtsfolk og ham selv?" Med vores kendskab til Gud er det sidste mere i harmoni med hans væsen og karakter.

Gud mangler ikke noget, da han er alt-tilstrækkelig. Formålet med tiende var at genetablere et brudt pagts fællesskab mellem Gud og det faldne menneske, som stammede helt tilbage fra Edens Have. Igen behøver Gud ikke noget fra menneskene. Det er en ære og et privilegium, at vi har fået muligheden for at returnere det til ham, som retmæssigt tilhører ham fra begyndelsen. Gud skylder ikke mennesket noget.

De to principper, der specielt blev fastlagt af Gud, var tiende og gaver. Vi vil omtale gaver i det næste kapitel, men lad os forblive fokuseret på tiende for nærværende. Gud erklærede specifikt, at tilbageholdelse af tiende fra ham kunne sidestilles med at stjæle fra ham. Det var nøjagtig, hvad Adam og Eva gjorde i Edens Have – stjal fra Gud. Det var, hvad Kain gjorde – stjal fra Gud. Lad os som Guds børn forstå, at stjæle fra Gud ved at tilbageholde tiende, svarer til at fornægte hans herredømme over vores liv. Det er bogstavelig talt at tage Gud for givet.

Det er, hvad enhver troende i Kristus, som ikke betaler deres tiende til Gud, gør i dag – stjæler fra Gud og tager ham for givet. Hvordan kan du forvente at blive velsignet af Gud, mens du stadig stjæler fra ham? Det er uacceptabelt i enhver henseende. Det er ikke et kærligt, tilbedende, ærbødigt og hengivent forhold – det er tyveri og kræver omvendelse.

Vi kan ikke behandle Gud sådan og forvente at blive velsignet individuelt, som familie eller som kirke eller nation. Det er en tyv, som opfører sig sådan, og vi ved med sikkerhed, hvem den tyv er. Johs 10,10 siger: "Tyven kommer kun for at stjæle, slagte og ødelægge, men jeg er kommet, for at de skal have liv, ja overflod af liv." I modsætning hertil giver vores kærlige Gud opofrende. Johs 3,16 siger: "Gud elskede nemlig verden så højt, at han gav sin eneste Søn, for at enhver, der tror på ham, ikke skal gå fortabt, men få det evige liv. " Lad os følge Guds eksempel og ikke djævelens.

Luk 18,9-12

Derefter fortalte Jesus en historie til nogle, som var stolte over deres egen fromhed og følte sig højt hævet over andre: "To mænd gik op til templet for at bede. Den ene var farisæer, den anden var skatteopkræver. Farisæeren stillede sig frem foran de andre og bad således: 'Jeg takker dig, Gud, at jeg ikke er som så mange andre: røvere, ægteskabsbrydere og andre onde mennesker – eller som den skatteopkræver, der står derhenne. Jeg faster to dage om ugen, og jeg giver tiende af alt, hvad jeg tjener. "

En anden risiko ved et selvtilfreds forhold til Gud, er ganske enkelt at give tiende som en religiøs lov, mens man ignorerer de overordnede principper om Guds karakter, natur og principper. Det var sådan farisæerne, saddukæerne og de skriftkloge opførte sig på Jesu tid. De betalte deres tiende, men det skete ikke ud fra et ærbødigt hengivent forhold. Det var mere en religiøsitet som Kains: "Hvis jeg gør dette, så må du bestemt være ¨forpligtet¨ til at velsigne mig Gud?" Vi skal undgå at falde i sådan et selvretfærdigt hykleri.

Matt 23,23-24

”Ve jer selvretfærdige farisæere og skriftlærde, for I er omhyggelige med at betale tiende af alle jeres indtægter, men I forsømmer de vigtigere ting i Toraen – nemlig retfærdighed, barmhjertighed og troskab. Det er nødvendigt at gøre det ene, men I må ikke forsømme det andet. I vildleder både jer selv og andre, når I sier myggen fra, men sluger kamelen.”

Jesus irettesatte sin tids skriftkloge for deres hykleri, for at adlyde lovprincippet om at give tiende, men forsømme de vigtigere ting i loven såsom retfærdighed, barmhjertighed og trofasthed. Hans irettesættelse til dem handlede ikke om, at de skulle holde op med at give tiende, men sammen med at give tiende skulle de producere en frugt i deres karakter, som afspejlede Guds natur. Dette siges i Mika 6,8: ”Nej, menneske, du har fået at vide, hvad der er godt, hvad Herren forlanger af dig: Du skal gøre det rette i trofast kærlighed, og altid være villig til at vandre med Herren.”

Jesus praktiserede altid Guds principper, da han underviste sine disciple om at adlyde både landets love (som at betale skat) og Guds love (at betale, hvad du er Gud skyldig). I Matt 22,21 sagde Jesus: ” Så giv kejseren det, der er hans, og giv Gud det, der er hans.” Sande troende adlyder altid både Guds love og landets love på samme tid. Den eneste undtagelse, vi ser i Bibelen, er, når landets love er i direkte modsætning til Guds love (2 Mos, Daniel, Esther osv. og Apg 4,19 og 5,29). Eftersom vi har fastlagt, at tienden tilhører Gud, så vær trofast med at betale og give den tilbage til ham. Enten du betaler din tiende ugentligt, månedligt eller årligt, så gør det ud fra et pagtsmæssigt hengivent forhold til Gud, idet du anerkender hans herredømme og din forvaltning af hans midler.

Når det drejede sig om det generelle i forhold til at give, havde Paulus et forslag til korinterne: ”Med hensyn til indsamlingen til de kristne i Jerusalem skal I gøre det samme, som jeg har pålagt menighederne i Galatien: Hver søndag skal hver enkelt af jer lægge noget af sit overskud til side, så I ikke først begynder indsamlingen, når jeg kommer " (1 Kor 16,1-2). Selv om dette afsnit ikke direkte handler om tiende, bør man lægge mærke til det praktiske ved denne proces.

Spar op til din gave med henblik på at betale. Vi har mange former for opsparing i vores private økonomi. Måske er tiden inde til at begynde med at spare det op, som tilhører Gud, så vi behørigt kan betale tienden. Der findes mennesker, som siger: "Jeg har ikke råd til at betale tiende." Mit svar til dem er: "Du har ikke råd til at lade være med at betale tiende." Hvis vi har råd til at betale skat, husleje, lån på huset, forbrugsafgifter, mad, transport, uddannelse, underholdning og måske udstyr til mobiltelefoner, kan vi afgjort prioritere tienden, som er over og udover dette. Ser du, det er i virkeligheden et spørgsmål om prioriteter. Giv kejseren, hvad der tilhører ham, og Gud, hvad der tilhører ham.

I Mal 3,10 står der: "Bring hele min tiende til forrådskammeret, så der bliver rigeligt med mad i mit hus. Sæt mig på prøve, så skal I se, at jeg åbner himlens sluser og overøser jer med velsignelser." Som forrådshuset var i templet, så er vores "forrådshus" i dag vores lokale kirker, hvor vi kommer og modtager vores åndelige føde, næring, omsorg og involverer os. Vi bliver i Bibelen formanet til ikke at svigte de helliges forsamling (Heb 10,25). Din lokale menighed bør være dit "forrådshus", hvor du investerer tid og ressourcer, mens du modtager åndeligt dække, lederskab og pastoral omsorg. Matt 6,21 siger: "Der, hvor du har dine rigdomme, vil også dine tanker være. " Læg mærke til, at det er de troende, som skal støtte den lokale menighed, ikke de ikke-troende.

Din tiende skal ikke være "designet" til andre formål, som det er tilfældet med almisser, der vil blive omtalt i et senere kapitel. Den tilhører Gud og skal betales til din lokale menighed. Din lokale menighed er den åndelige familie, som du er knyttet til og ansvarlig overfor. Det kan være din hjemmebaserede kirke, hvor du kommer regelmæssigt, eller en udvidet kirke, som du besøger, når du er på en længerevarende rejse, arbejdsophold eller uddannelsesophold. Hvad lederskabet for kirken gør med pengene er udelukkende deres ansvar og mellem dem og Gud. Gud vil holde enhver kirkes lederskab ansvarlig for, hvordan de administrerer hans penge. Vores private ansvar over for Gud gælder, mens tienden er i vores besiddelse. Når vi har afleveret den til den lokale kirke, er det den, der er ansvarlig for den.

Endelig har det populære argument, at princippet om tiende gjaldt "under loven", og vi nu er "under nåden" ingen gyldighed. Som påpeget ovenfor, så eksisterede dette princip inden Moses' lov og fortsatte helt frem til Jesu tid. Vi er nødt til at forstå, at der er moralske love og ceremonielle love. Den moralske kodeks, som i De ti Bud, gælder til i dag. Den ceremonielle kodeks, som en skygge af Messias, som blev vort påskelam, ophørte på Golgatas kors. Dens formål var fuldført, da Jesus fuldbragte sit værk. Derfor ofrer vi ikke dyreofre mere. Men den symbolske betydning af herredømme har ikke ændret sig.

Når du giver tiende, etablerer du dermed Jesu herredømme og dit forvalterskab som hans tjener. Vi betaler eller tilbagegiver vores tiende til Gud, da den tilhører ham. At lade være med at gøre det, er at stjæle fra Gud og fratager os hans velsignelser. Sidst men ikke mindst findes der mennesker, som spørger: "Skal jeg give tiende af min bruttoindkomst eller min nettoindkomst?" Dette har altid været mit svar: "Ønsker du brutto velsignelser eller netto velsignelser?" Det er mærkeligt, at vi betaler skat af vores brutto indtægt, men når det drejer sig om Gud, så søger vi en "discount" løsning. Lad os alle vokse og modnes i vores forhold til Gud. Modenhed og visdom vil være din vejledning. Kort sagt, er betaling af vores tiende grundlæggende at anerkende Jesu herredømme.

Kapitel 2: Gaver – anerkendelse af Jesu gerning.

Princippet med gaver, er til forskel fra tiende, en mulighed for frit at bringe en kærligheds- og taknemlighedsgave til Gud for at mindes hans gerning. Faktisk siger Bibelen, at under højtiderne, hvor Guds folk stod frem foran ham, skulle de ikke vise sig tomhændede foran ham. "Ved de tre højtider skal alle mænd i Israel drage op til helligdommen og medbringe deres offergaver forhold til den velsignelse, Herren har givet dem" (5 Mos 16,16).

Dette vers refererer faktisk til den ceremonielle lov og særlige højtider. Men det princip, som Gud fastlægger, bør ikke overses. Kom ikke "tomhændet" frem foran Gud. I Kristus refererer dette princip til alle troende, mænd og kvinder, da vi alle er et i ham. Desuden siger Ordspr 18,16: "At give en gave kan åbne mange døre og bane vej til magtfulde personer."

Vores Gud, som skabte himlen og jorden, behøver ikke noget fra menneskene. Han er alt-tilstrækkelig (Apg 17,25). Formålet med at give ham en gave er at forstå og praktisere princippet om tilbagevenden. Princippet om tilbagevenden fungerer sådan, at du giver først, og så vil det blive givet tilbage til dig. Du sår først, derefter høster du. Det er grunden til, at Jesus sagde, det er mere velsignet at give end at modtage, da giveren vil have en konstant guddommelig forsyning. Når det drejer sig om gaver i dag, bør meningen med dem især være, at støtte Jesu gerning på jorden, Jesu Kristi kirke. Jesus sagde, at han er den, som bygger sin kirke (Matt 16,18). Det centrale punkt er, at Gud ikke behøver noget fra os, men det er en ære og et privilegium at være i stand til at give ham en gave. Når vi giver, åbner det en dør til at modtage velsignelser fra Gud. Disse velsignelser er mangesidige: åndelige, psykologiske, fysiske, følelsesmæssige, materielle, naturlige osv. Derfor skal vi ikke vise os tomhændede i Guds hus eller i hans kirke.

Dette princip bliver praktiseret i mange kulturer rundt om i verden for at ære, bevare og vedligeholde menneskelige relationer. I min kultur er det f.eks. normalt at komme med en symbolsk gave som en buket blomster eller noget frugt, når man besøger venner eller familie. Da jeg voksede op som en ikke-troende, lærte min mor mig, at jeg aldrig skulle besøge andre uden at komme med en symbolsk gave. Uden hendes vidende stammer dette princip måske fra det bibelske princip om ikke at komme "tomhændet" frem foran Gud.

Gud udfordrer os i Malakias til at bringe tienden og gaverne til hans hus, for at han kan åbne himlens sluser, og udgyde velsignelser over os. Vores tiende forbereder og åbner himlens velsignelser over os. Vores gaver afgør den andel, der vender tilbage. Således bliver vi undervist om det generelle princip for at give. Luk 6,38 siger: "Giv, så skal der gives jer. Den målestok, I anvender over for andre, vil blive anvendt over for jer. Er I gavmilde, vil I modtage et godt, rystet, presset mål med top på." I konteksten blev dette vers skrevet i forbindelse med at dømme andre. Princippet om tilbagevenden bør ikke ignoreres. I overensstemmelse med det mål, du bruger, vil der blive tilmålt dig. Dette virker for alt andet i livet: vi høster, hvad vi sår.

Når vi giver gaver i kirken, må det aldrig misforstås som, at man giver "drikkepenge" til dem, der gør arbejdet. Vi giver drikkepenge på en restaurant, i teateret eller for nogle tjenester, mennesker gør os i vores fritid. Det er en form for almisse, som vi vil se på senere. Men det er ikke meningen, at vores gaver skal være en betaling for den tjeneste, vi modtager i Guds hus, men derimod en støtte til Guds værk i sin helhed. Gaver er en bevidst støtte til Jesu gerninger, fortid, nutid og fremtid. På grund af Guds natur vil han åbne et guddommeligt vindue med velsignelser over vores liv for den anerkendelse.

Vi anerkender altså Guds herredømme, når vi betaler vores tiende til ham. I virkeligheden har vi ikke givet ham noget. Det var kun, hvad vi er ham skyldige, som nævnt i forrige kapitel. Vi giver simpelthen tilbage, hvad der tilhører ham. Men når vi giver vores gaver til Gud, bliver himlens vinduer åbnet for os med en udgydelse af velsignelser i overensstemmelse med det mål, vi bruger. Den eneste faktor, som begrænser målet af velsignelser, vi modtager, bliver afgjort af det mål, vi bruger. I overensstemmelse med det mål, du bruger, vil du selv få tilmålt. Derfor bliver der opmuntret til at vise gavmildhed, når der gives gaver, og med Jesu egne ord: "Der er større velsignelse ved at give end ved at modtage!"

Bibelen beskriver syv former for gaver omtalt i Det gamle Testamente. Læg mærke til, at det i alle syv tilfælde koster tilbederen noget, selv om alt, hvad man ejer, kommer fra Gud. En nærmere observation af disse gaver viser relationelle implikationer. Det var meningen, at de skulle være forvarsling om det offer, der blev fuldbragt af Messias, gennem hvem vi har et pagts forhold til Gud den Almægtige.

Med andre ord, hver gave er en påmindelse om vores nære forhold til Gud, om hans vedvarende værk, om den pris, han betalte, og om den kærlighed, han viser os. Igen er det et udtryk for en hengiven relation og ikke en økonomisk tilbagebetaling. Ligesom tiende anerkender Guds herredømme i vores liv, så fejrer vi, hver gang vi kommer frem foran Gud med en gave og ikke tomhændede, vores vedvarende relation til ham og det værk, han gjorde, gør og fortsætter med at gøre. Vi gør dette som respons på hans urokkelige kærlighed og barmhjertighed mod os og den pris, han betalte for vores forløsning (Klagesangene 3,22-23).

I 3 Mos 1 lærer vi om brændofferet, hvis formål var forsoning af synd. Denne offergave var symbolet på den forsoning, som Herren ville opnå for vores synder på korset. Det var den tidligste form for offer, der er omtalt i Bibelen lige siden Edens Have, da et uskyldigt dyr blev ofret for at Adam og Eva, på grund af deres synd, kunne få dækket deres nøgenhed med skind. Abel, Noa, Job og andre fulgte dette guddommelige mønster for ofringer. Denne offergave havde til hensigt at genoprette et brudt forhold til Gud og var for tilgivelse for vores synder. Det blev udført i anerkendelse af, at uskyldigt blod (Jesus) ville blive ofret for at genoprette det forhold til Gud, der var blevet brudt på grund af synd.

Bibelen påpeger, at synd er at bryde Loven eller vide, hvad der er rigtigt og ikke gøre det. (1 Johs 3,4; Jak 4,17). Vi er nødt til at være opmærksom på, at der er tre aspekter vedrørende synd. Et aspekt af synd er at "forfejle målet" eller ikke opfylde Guds vilje. Et andet aspekt er overtrædelse eller ikke holde sit ord, dvs. svigte en andens tillid. Det tredje aspekt er "uretfærdighed", som egentlig er at være uærlig eller fuldstændig falsk. Ofringen af uskyldigt blod er for at rette op på forfejlingen af målet, bruddet på tilliden (i dette tilfælde i forhold til Gud) og uretfærdigheden, som fører til foragt for Gud selv og hans ord og veje.

I dag beder vi Gud om tilgivelse for vores synder ved tro på Jesu blod, som blev udgydt på Golgata for os. Derfor responderer vi i forhold til ham med en gave som tak for denne hellige kendsgerning. Dette bør ikke misforstås som et "køb" af vores frelse eller tilgivelse. Frelse kan ikke købes og heller ikke fortjenes. Det er en fri gave fra Gud (selv om den kostede ham hans søn), modtaget i tro. Derimod er gaven en kærlig og håndgribelig reaktion, som kommer fra en tilbeders kærlige og taknemlige hjerte. Det er en hengiven kærlighedsreaktion. I 3 Mos 2 læser vi om afgrødeofferet. Formålet med det var at udtrykke hengivenhed over for Gud for hans trofasthed, godhed og forsyn. Denne offergave var symbolsk for den troende for at styrke vedkommendes fællesskab med Gud, som aldrig bør tages for givet. I dag bør vi tilbede Gud i ånd og sandhed dagligt, ved at læse hans ord, meditere på det, bede, modtage nadver, synge lovsange og proklamere hans frelse for de fortabte.

I 3. Mos 3 læser vi om takofferet, som også er kendt som fredsofferet i engelske bibeloversættelser (King James og Amplified Bible). Hensigten med det var, at mennesker eller grupper skulle indgå en pagt med hinanden, hvor man ønskede det bedste for begge parters fremtid. Da Jesus brød brødet og serverede vinen ved påskemåltidet sammen med disciplene, var det en invitation ind i en ny pagt – en fredspagt. (Johs 14,27). Han betalte for den med sit blod på korset. Han ønskede, at denne pagt skulle tjene som et minde (yderligere et princip, som vil blive diskuteret senere).

Når vi kommer med et takoffer til Gud, er det en erkendelse af, at Jesus er Vejen, Sandheden og Livet. "Der findes ingen frelse andre steder end hos Jesus, for der er ingen andre i hele verden, som kan frelse os mennesker." (Apg 4,12). Den fred, han giver os, er ikke som den fred, verden giver. Hans fred betyder, at vi midt i vanskeligheder forbliver fredfyldte og urokkelige. (Johs 14,27).

I det lys er vi blevet betroet en tjeneste med forsoning, at forsone mennesket med Gud. "Det er alt sammen en gave fra Gud, der gennem det, Kristus gjorde, har forsonet os med sig selv og givet os forsoningens tjeneste. Sagt med andre ord: Det var Gud, som gennem Kristus tilbød fred, forsoning og fællesskab mellem sig selv og verden ved at tilgive mennesker deres synder. Og han har betroet os at bringe dette budskab om forsoning til alle mennesker." (2 Kor 5,18-19). Forsoning af mennesket med Gud begynder med at forsone mennesker med mennesker. Hvordan kan vi sige, at vi elsker

Gud, mens vi hader hans billede – menneskene. 1 Johs 4,20 siger: "Hvis nogen siger, at de elsker Gud, samtidig med at de hader andre kristne, lyver de. Hvis du ikke kan elske en anden kristen, som du har set i levende live, hvordan kan du så elske Gud, som du aldrig har set?"

Vi skal elske Gud af hele vores hjerte, sind, sjæl og styrke og vores næste som os selv (Luk 10,27). Velsignet er de, som stifter fred, ikke de, der elsker fred (Matt 5,9). Der er mennesker, som elsker fred. Mens det måske ikke koster os noget at "elske" fred, vil det afgjort koste noget at "stifte" fred. Det koster, endog den pris at blive misforstået, misbrugt eller forfulgt. Spørgsmålet er: "Vil vi betale prisen?" Forsoningens tjeneste har en pris, som må betales. Jesus betalte den ultimative pris.

I 3 Mos 4,1-35 og 5,1-13 lærer vi om syndofferet. Dets formål var at fjerne skylden for synder, som var blevet begået ufrivilligt. Herren lærte sine disciple dagligt at bede om syndernes tilgivelse. "Tilgiv os, hvor vi har svigtet, ligesom vi selv har tilgivet dem, der har svigtet os." (Matt 6,12).

Bemærk, at Herren ikke kun er optaget af vores forhold til ham, men også af vores forhold til hinanden. Vi får faktisk at vide: "Hvis I tilgiver dem, der har gjort noget forkert mod jer, vil jeres Far i Himlen også tilgive jer. Men hvis I nægter at tilgive, vil han heller ikke tilgive jer. " (Matt 6,14-15). Når vi dagligt beder om tilgivelse for vores egne utilsigtede synder for ikke at tale om de tilsigtede, så skal vi tilgive dem, som utilsigtet synder mod os, ja selv hvis det var med vilje.

Igen: "Når du går hen for at give en gave til Gud, og du så kommer i tanke om, at en af dine bekendte har noget imod dig, så lad gaven vente. Gå først hen og bliv forsonet med vedkommende. Derefter kan du bringe din gave " (Matt 5,23-24). Det er vigtigt for Gud, at vores kærlighedsrelation til ham ikke kun handler om os og ham, men også om os og andre. "Du skal elske Herren, din Gud, af hele dit hjerte, med hele dit liv, med alle dine tanker og al din styrke!' Et andet bud lyder således: 'Du skal elske din næste som dig selv.' Det er de to vigtigste bud." (Mark 12,30-31).

Lige så meget som vi dagligt søger og ønsker, at Gud skal tilgive os vores synder, skal vi ransage vores hjerter og tilgive dem, som synder mod os. Det er uundgåeligt – syndere frelst af nåde og ufrelste syndere vil dagligt synde mod os. Vi må i vores hjerter give slip på det og lade Gud være dommeren.

I 3 Mos 5,14-19 og 6,1-7 lærer vi om skyldofferet, også kendt som overtrædelses- eller erstatningsofferet. Formålet med det er at betale en straf eller skyld for konsekvenserne af ens synder med ønsket om at rette op på det. Overtrædelse er tillidsbrud specielt i et betroet forhold eller en pagtsrelation. Interessant nok kunne dette offer betales i sølv eller med en vædder.

I dag er Jesus vores ypperstepræst, og Fredsfyrsten hjælper os til at nedbryde enhver mur med fordømmelse og lede os til gudfrygtig overbevisning, som skaber omvendelse. "Det er ham, der har skabt fred mellem os. Ved sin lidelse og død gjorde han de to parter til ét og nedbrød den mur af fjendskab, der tidligere adskilte os. " (Ef 2,14). "Gud kan nemlig bruge den slags bedrøvelse til at føre mennesker til omvendelse og evigt liv. Det er en bedrøvelse, man ikke ville have været foruden. Men den bedrøvelse, som udspringer af verdslig tankegang, ender i død " (2. Kor 7,10).

Da en kvinde blev grebet i hor og bragt til Jesus, erklærede Moses' lov, at hun skulle stenes ihjel. Jesus sagde imidlertid til skaren, at de, der var uden synd, skulle kaste den første sten (Johs 8,1-11). Skaren gik, fra den ældste til den yngste, efter denne opfordring. Jesus ikke bare tilgav hende, men sagde til hende, at hun skulle gå "og fra nu af ikke synde mere". Sand omvendelse er ikke kun at have det dårligt med, hvad vi har gjort for ikke at tale om at blive grebet på fersk gerning. Sand omvendelse er en beslutning om at ændre ens sind og handlinger til guddommelig livsforvandling, som kommer gennem omvendelse.

I 3 Mos 22,17-21 læser vi om frivilligofre også kendt som "takofre" eller ofre bragt til Gud som opfyldelse af et løfte. Dette offer kan bringes på alle tidspunkter af året og ikke nødvendigvis i forbindelse med en bestemt højtid. Ved konstruktionen af tabernaklet sagde Gud til Moses i 2 Mos 25,2: "Sig til israelitterne, at de skal bringe mig en offergave, alt efter hvad enhver får på hjerte at give. " Det afgørende element her er; "hvad enhver får på hjerte at give". Ligeledes læser vi i forbindelse med konstruktionen af templet i 1 Krøn 29,1-9 om David og de ældstes frivilligofre. De gav opofrende, som er endnu et princip, vi vil se på senere.

"Lad os på grund af, hvad Jesus har gjort, altid bringe lovprisningsofre til Gud. Lad os prise og takke Gud med vores ord " (Heb 13,15). Lovprisningsofferet er endnu en form for at give til Gud. Også dette offer til hensigt at styrke, offentliggøre og fejre vores forhold til Jesus. Det er også værd at nævne, at lovprisning ikke nødvendigvis er noget, vi giver, når vi har en "god" følelse. Der er vanskelige tider i livet, hvor man lovpriser som et offer og i tro, mens man stadig er midt i problemerne. De, som sår med tårer, skal høste med glæde (Salme 126,5-6). Bibelen opmuntrer alt, hvad der har ånde, til at lovprise Gud (Salme 150,6). Lad os prise ham, ikke kun i gode tider, men særlig i de udfordrende perioder.

I alle Bibelens eksempler på at komme med ofre til Gud, kan det altid sammenfattes til at rette op på eller reparere en relation, enten med Gud eller mennesker. Hvert offer koster tilbederen noget, selv om alt, hvad vedkommende har, kommer fra Gud. Den generelle ide, som Israels børn blev undervist om, var, at de aldrig skulle komme tomhændede frem foran Gud. Faktisk ville de ikke komme tomhændede frem foran en profet eller en Guds mand. Det var udelukkende fordi de altid associerede en Guds mand med Guds gerning og stemme.

Dette burde altid være tilfældet, skønt det i dag ikke er alle, som associerer sig selv med Gud, der nødvendigvis er kaldede for ikke at sige sendt af Gud (Matt 7,15-20). Hvis et menneske på Bibelens tid blev afsløret som en falsk profet, ville vedkommende blive stenet ihjel. Hvis det samme princip blev fulgt i dag, ville vi sandsynligvis have færre falske profeter. Der er mange, som kalder sig selv profeter eller Guds mænd. Det er op til læseren at skønne, hvad der er sandhed. Men Jesus efterlod os Helligånden til at lære os om hele sandheden og give os evne til at skelne (Johs 16,13 og 1 Kor 12,10).

Da Sauls fars æsler var forsvundet, ønskede Sauls tjener, at han skulle spørge profeten Samuel om, hvor de var. Saul tøvede, da han ikke havde nogen gave at give ham. "Men vi har ingen penge med, så vi kan betale ham, " indvendte Saul. "Vi har ingen verdens ting, ikke engang et stykke brød." "Jo," svarede tjeneren. "Jeg har et lille stykke sølv, en kvart shekel. Den vil jeg give ham, så han kan sige os, hvad vi skal gøre." Opfattelsen af, at man ikke kunne komme tomhændet frem foran en Guds mand, stammede fra, at man ikke kunne komme tomhændet frem foran Gud.

I dag ofrer vi ikke dyr eller andet til Gud, da Jesus er blevet det ultimative offer for os alle. I stedet for ofrer vi symbolsk ved at give gaver, udover vores tiende, for at velsigne hans hus og støtte hans gerning – Jesu Kristi kirke. Jesus sagde, at han er den, der bygger kirken. Når vi giver vores gaver til kirken, giver dem således i virkeligheden til Jesus. "Derfor siger jeg til dig: Du skal hedde Peter, og på den klippegrund vil jeg bygge min menighed. Djævelen vil aldrig kunne få magten over den." Når vi giver af vores penge, tid, tjeneste, støtte, talenter og bringer det til kirken, så er det en af de bedste måder, hvorved vi kan hjælpe Jesus med at udføre hans gerning.

Troende overser tit, at det kræver penge at betale husleje, prioritetslån, forbrugsafgifter, løn, logistik, transport, udstyr, vedligeholdelse og løbende udgifter i en kirke. Det er ikke de ikke-troende, som vil donere til disse formål. Det er nødt til at være de troende, som bærer byrden. Hvis hver enkelt troende forstod denne vigtige opgave og gav gavmildt til deres lokale menigheder, ville Guds hus aldrig mangle noget. Desværre ser mange mennesker på gaver til kirken som en slags velgørenhed snarere end en kærlighedsgave. Dette kalder på en gudfrygtig relationel forståelse af, hvad det vil sige at bygge side om side med Jesus og støtte hans tjeneste og medtjenere. Det er vigtigt at påpege, at Gud altid dækker behovene i sit arbejde – med eller uden troende. Det er således en ære og et privilegium for troende at deltage i denne proces og blive velsignet udover at være en velsignelse. Men Gud kan bruge enhver og alting, hvis han vil. Han vil endog bruge en ravn til at sørge for mad til en profet, hvis det er nødvendigt (1 Kong 17,2-16).

Når vi kommer med vores gaver til Gud, skal vi ikke gøre det, fordi vi er nødt til det, men vi skal gøre det, fordi vi gerne vil, på grund af vores hengivne kærlighed til ham. Vores indstilling og motiv til at give gaver skal være ud fra hengiven kærlighed og taknemlighed. Da Jesus sendte sine disciple ud for at forkynde evangeliet, formanede han dem "I har fået det for intet. Giv det for intet" (Matt 10,5-8).

På samme måde er alt, hvad vi er og har, fra Gud. Han udøste sine rigelige velsignelser og kærlighed over os. Lad os derfor, når vi kommer med vores gaver til ham, gøre det frit, med glæde og villigt, ikke tvungent på grund af skyldfølelse, men ud fra en ægte og hengiven kærlighed til Jesus for at bygge hans kirke. At give vores gaver er grundlæggende at anerkende Jesu gerning.

Kapitel 3: Almisser – anerkendelse af Jesu godhed.

Almisser er også kendt som velgørenhed, retfærdshandlinger, at give til nødlidende eller donationer. Den slags gode handlinger er udover ens tiende og gaver. Når vi betaler vores tiende, giver vi tilbage eller betaler Gud, hvad der tilhører og tilkommer ham. Når vi kommer med vores gaver, er det et udtryk for vores hengivne kærlighed og taknemlighed, et ønske om at støtte og bygge hans tjeneste og gerning. Tiende og gaver er således især bestemt for Guds hus eller kirken. Almisser på den anden side er en særlig velgørende handling i eller ud fra Guds hus. Dette kan praktiseres overalt, når en troende føler en tilskyndelse i sit hjerte til at hjælpe et andet menneske (i kirken eller i verden) håndgribeligt, fysisk, økonomisk, materielt, psykologisk åndeligt eller hvad der ellers er passende. En vigtig faktor ved almisser er, at der bør praktiseres i fortrolighed.

Matt 6,1-4

Pas på jeres motiver, så I ikke gør gode gerninger, for at andre skal lægge mærke til jer. Så mister I nemlig den belønning, der kommer fra jeres Far i Himlen.

Når du giver en gave til en, der er i nød, så vær ikke som de selvretfærdige, der plejer at udbasunere deres gode gerninger i synagoger og på gadehjørner, for at folk skal rose dem. Det siger jeg jer: De har allerede fået deres belønning. Nej, når du gør en god gerning, så gør det i al stilhed. Lad ikke den venstre hånd vide, hvad den højre gør. Så vil du få løn af din himmelske Far, for han ser det, som er skjult for alle andre.

Det er muligt, når man udfører en velgørende handling, at den bliver offentliggjort, og giveren modtager en følelse af beundring og bifald. Ifølge Jesus er dette giverens "belønning". Men han siger, at vi ikke skal følge dette eksempel, når vi praktiserer velgørenhed. Han ønsker, det skal gøres skjult og i fortrolighed. Grunden til dette er, at når vi gør det, vil det give ære og herlighed til Gud. Instrumentet (donoren) vil imidlertid blive lønnet af Gud selv.

Det var almindeligt, at fattige og nødlidende tiggede om mad, penge eller praktisk hjælp i Jerusalems gader og i særdeleshed ved templets porte, selv på Jesu tid. I dag kan vi også se mennesker tigge på gaderne i mange af vores byer. Jesus sagde, at vi altid ville have de fattige hos os (Matt 26,11). Jeg vil senere påpege betydningen af ikke at lade sig manipulere til at give på grund af skyldfølelse eller tilfredsstillelse af grådighed, men at gøre det for at imødekomme ægte behov. Jesus lærte os at møde behov og ikke tilfredsstille grådige, da han sagde "giv til de nødlidende" enten det var i 'synagogen' (kirken, hvor det er relevant) eller på 'gaderne' (verden, hvor det er relevant). Det skal gøres diskret, anonymt og uden offentlighed.

Apg 3,1-10

En dag var Peter og Johannes på vej op til templet for at deltage i den daglige eftermiddagsbøn kl. 15. Som de nærmede sig templet, så de en mand blive båret hen til indgangen. Han havde været lam fra fødslen af, og man plejede hver dag at anbringe ham ved den indgang til tempelpladsen, der blev kaldt for "Den Smukke Port". Der kunne han sidde og tigge penge af dem, der gik ind ad porten. Da han så Peter og Johannes på vej ind i templet, bad han også dem om en skilling. De standsede og betragtede ham opmærksomt. "Se på os!" sagde Peter. Den lamme mand så spændt op på dem, for han regnede med, at de ville give ham noget. "Jeg ejer hverken sølv eller guld, men hvad jeg har, det giver jeg dig," sagde Peter. "På vegne af nazaræeren Jesus, som er Messias, og med autoritet fra ham siger jeg til dig: Rejs dig op og gå!" I det samme tog Peter den lamme mands højre hånd for at hjælpe ham op. Straks blev mandens fødder og ankler stærke, han rejste sig op og støttede på benene. Han begyndte at gå omkring, og derefter fulgte han med Peter og Johannes ind på tempelpladsen, hvor han sprang rundt og dansede og priste Gud. Da folk derinde hørte glædesudbruddene og så ham danse omkring, blev de helt ude af sig selv, så forbløffede var de over det, der var sket med ham. Han var jo kendt som den lamme tigger ved "Den Smukke Port".

Manden, som tiggede ved templet, vidste, at der blev undervist om godgørende gerninger i Skriften. Derfor var der ikke noget bedre sted at være end ved tempelportene. Måske mennesker var i et mere "gavmildt" humør til at give en gave efter at have tilbedt Gud. Ved denne særlige lejlighed fik han imidlertid lidt mere, end han havde bedt om – han fik fuldstændig helbredelse og blev i stand til at gå og arbejde igen.

Selv om denne bog ikke handler om helbredelse, så læg mærke til, at Peter og Johannes faktisk standsede for at snakke med tiggeren og bemærkede hans ægte anmodning. Hvis de havde haft sølv eller guld, ville de måske have givet noget af det. Men de gav ham noget mere kostbart – helbredelse i Jesu Kristi Nazaræerens navn. Det ultimative udtryk for gavmildhed er at udfri et menneske fra kilden til al fattigdom og sætte vedkommende fri i Jesu navn. Uden tvivl ville denne mand aldrig nogen sinde behøve at tigge igen. Han ville fra dette øjeblik være i stand til at arbejde med sine egne hænder og skaffe sig et anstændigt og ærefuldt levebrød. Hvilken gave modtog han ikke!

I Bibelen får vi undervisning om at være gode og gavmilde. Ordspr 19,17 siger: "At hjælpe den hjælpeløse er som at give Gud et lån, han betaler det rigeligt tilbage." Godhed udtrykkes ofte med mere end opmuntrende ord og viser sig i praktiske og håndgribelige gerninger inden for ens midler og mulighed. Jak 2,15-16 siger: "Hvis du har venner, der mangler både tøj og mad, og du siger til dem: "Husk nu at tage noget varmt tøj på og sørg for at få noget at spise! Farvel, og Gud velsigne jer!", men du giver dem hverken mad eller tøj, hvad hjælper det så? " Dette er et praktisk eksempel af tro og gerning, som arbejder hånd i hånd.

Læg mærke til, at når du er god mod den fattige, så låner du til Gud. Hvilken ære og hvilket privilegium. Gud ejer alt og har ikke brug for noget. Når vi ved, at Gud ikke skylder mennesket noget, vil "lån" til ham ganske enkelt svare til at "samle skatte i himlen". Desuden lover Gud, at du vil blive belønnet, både i himlen og på jorden (Mark 10,29-31). Vores motiv til at være gode og gavmilde bør ikke være for at få belønning eller samle skatte men snarere som et udtryk for Jesu godhed. Men det er trøstende at vide, at Gud ser, hvad der bliver gjort i det skjulte og lønner os, som det er hans natur.

Ordspr 21,13 siger: "De, der lukker ørerne for andres nødråb, vil råbe forgæves, når de selv har brug for hjælp." Gud bekymrer sig om de fattige og nødlidende. Hvis deres råb er inden for vores evne til at handle, reagere eller hjælpe, så vær hurtig til at reagere. Bevidst ignorering af deres røst kan resultere i, at vores stemme ikke bliver hørt af Gud, når vi har et behov. Det er en alvorlig advarsel fra Guds ord. Derfor skal du ikke tøve, hvis du har mulighed for at gøre en god gerning.

Man kan stille et logisk spørgsmål angående fattige: "Hvorfor ikke bare fuldstændig udrydde fattigdom?" Teknisk set har verden mere end nok af forsyninger til at dække ethvert behov. Spørgsmålet om fattigdom går udover økonomiske principper om efterspørgsel og udbud, det drejer sig om administration af udbud og efterspørgsel. Ofte ophober selviske mennesker forsyninger for at tvinge priserne i vejret, særlig i tider med stor efterspørgsel (Ordsp 11,26).

Jeg siger igen, at jeg ikke er økonom, så jeg vil undgå at involvere mig i den diskussion. Men Jesus sagde: "De fattige har I altid hos jer" (Matt 26,11a). I stedet for at blive overvældet af den fattigdom, der findes i verden og omkring dig, skal du derfor snarere gøre din del med hensyn til at hjælpe med at lette den, når det er inden for dine muligheder.

Når du giver til de fattige og nødlidende, så gør dit bedste for at forvisse dig om, at de behov, der bliver præsenteret, er ægte. Desværre er ikke alle "behov" ægte og autentiske for ikke at sige troværdige. Du skal kende forskellen mellem at møde et behov og at tilfredsstille grådighed. Mens det første er en god sag, kan det senere være en bedragerisk plan skabt af selviske mennesker, hvis hovedformål er at udnytte din gavmildhed. Der er mange svindelnumre i denne onde verden, især rettet mod de uskyldige, gode og gavmilde. Mens troende forventes at være uskyldige som en due, bliver de også formanet til at være listige som slanger (Matt 10,16). Vær på vagt, når du praktiserer gavmildhed.

Der er mange troværdige og ansete velgørenhedsorganisationer, som gør meget godt for at hjælpe fattige og nødlidende. Desværre er der også nogle, hvis skjulte dagsorden er at høste profit af andres fortvivlelse. Det er især sandt, når anmodningerne kommer gennem falske e-mail eller websites, der ikke er godkendte. Ved donation til et velgørende formål gennem tredjeparts organisationer, så foretag lidt undersøgelse af organisationen. Forvis dig om, at det, du giver, går til de angivne formål og ikke til store administrationsudgifter, som opretholder donororganisationen.

Husk, at vi bliver sendt som får midt iblandt ulve. Sørg derfor, at din gavmildhed ikke bliver udnyttet eller manipuleret af professionelle svindlere. Desværre bliver menneskers gavmildhed atter og atter misbrugt af tvivlsomme karakterer og suspekte organisationer.

Forvis dig om, når du gør en godgørende gerning, at det bliver gjort på grund af din overbevisning baseret på Guds ord i stedet for en følelse af "skyld". Skyldbaseret gavmildhed er ikke holdbart for ikke at tale om bibelsk og efterlader dig kun med en følelse af, at du er blevet brugt og manipuleret. At give baseret på overbevisning er bibelsk og efterlader dig med en følelse af at være et redskab for Jesu godhed og resulterer i fred, glæde og en følelse af tilfredshed.

Hvis nogen manipulerer dig til velgørenhed gennem skyldbaserede fundraisings planer, er det nødvendigt, at behovet bliver overdrevet igen og igen for at få en reaktion fra dig. Nyhedsbrevene bliver flere og flere, billederne af de nødlidende bliver mere dramatiske, og nødvendigheden understreges for at fremkalde et øjeblikkeligt svar. Nogle troende har et ægte behov for at blive sat fri fra sådanne menneskers eller organisationers fæstningsværker, som bruger ægte godhed til at tilfredsstille "behov", der aldrig hører op.

Vores godgørende handlinger kunne være gaver givet til kirkeplantninger, missionærer, særlige fundraisings programmer i en kirke til et bestemt projekt, velgørende organisationer, katastrofehjælp, en fremmed eller et menneske, som er i virkelig nød. Det kan omfatte at give gavmilde drikkepenge for en tjeneste, du har modtaget. Mulighederne for at vise økonomisk, materiel og følelsesmæssig godhed og venlighed er uendelige. Der vil altid være behov tilstede.

Sørg også for, at din velgørenhed bliver gjort ægte uden noget ønske om at henlede opmærksomheden på dig selv, uden at tilfredsstille en grådig, men til et behov og for at være redskab for Jesu godhed. Vi gør det ikke altid rigtigt og falder måske mere end en gang i en ondskabsfuld fælde, som vi ikke havde forventet. Men med tiden vil Gud hjælpe os til at praktisere vores almisser på en måde, som behager ham. Vi vil blive belønnet blandt andet med gaven til at kunne skelne.

Igen skal vi huske, at gaver til velgørenhed er udover vores tiende og gaver. Vores tiende tilhører Gud. Han fortjener vores gaver. Med vores velgørenhed er vi et redskab for Jesu godhed. Vi kan således ikke give vores tiende eller gaver til velgørenhed. Det ville være at stjæle den helligede andel og anbringe den et andet sted eller stjæle, hvad der skulle være brugt til at bygge Jesu kirke. Sørg for, når du giver til velgørenhed, at tiende og gaver ikke bliver forsømt for ikke at sige omdirigeret. Som nævnt skal dine gode gerninger være udover din tiende og gaver. Principperne angående tiende, gaver og almisser må ikke blandes sammen.

Troende skal blandt andet være de mest gavmilde mennesker på denne jord. Denne verdens filosofi, er at skaffe dig alt, hvad du kan, anbringe det hele i en beholder og sidde på den beholder – hvad der er højdepunktet af selviskhed. Troende burde være et eksempel på at give alt, hvad man kan, samle skatte i himlen og ofre, hvis det er nødvendigt. Vi vil diskutere princippet om offer, den ultimative form for at give, i det sidste kapitel.

Når du kobler dig på Guds overnaturlige forsyn, er sandheden, at du konstant vil søge efter muligheder for at praktisere godgørenhed. Gud vil lede dig til skjulte skatte på hemmelige steder, så du vil fortsætte med at være en kanal for hans uendelige velsignelser (Esajas 45,3). Ordspr 28,27 siger: "Den, der giver til mennesker i nød, vil altid selv have nok, den, der lukker øjnene for nøden, bliver foragtet." Lad os vælge at være en kanal til velsignelse ikke det modsatte. At give almisse er grundlæggende at anerkende Jesu godhed.

Kapitel 4: Førstegrøden – anerkendelse af prioriteten af Jesus

Førstegrøden eller princippet om den førstefødte er at anerkende, at Jesus er den førstefødte af hele skabningen og bør have den første prioritet i vores liv. Meningen med vores eksistens er at prioritere Gud, tilbede ham, tjene ham og bringe ære til ham i Jesu navn. Ingen andre relationer, biologiske, følelsesmæssige eller andre bør komme mellem os og Gud. Jesus er herre i alt, ellers er han slet ikke herre. Vi tjener en nidkær Gud (2 Mos 20,5).

Hvis vi går tilbage til 1 Mos og de ofre, som blev bragt af Kain og Abel, bemærkede vi, at Kain bragte "noget af afgrøden" (som taler om menneskeskabt religion), mens Abel bragte "fedtstykkerne" (hvad der taler om tienden) af de "førstefødte" (hvad der taler om Jesus) fra hans hjord. Abel accepterede, forstod og praktiserede det guddommelige princip i tro, hvad der fik Gud til at finde velbehag i hans offer. Kain bragte "noget af afgrøden" - ikke engang førstegrøden – hvad der bevirkede, at hans offer blev forkastet.

Som tidligere nævnt, er det ret sandsynligt, at Adam har undervist Kain og Abel om principperne angående førstegrøden og alle de andre af Guds principper om forløsning. Indtil da var Adam den viseste mand, der levede på jordens overflade. Den information, han gav videre til sine børn, var førstehånds beretninger. Men Kain valgte bevidst at være ulydig mod Gud. Selv Gud spurgte ham: "Hvis du gør, hvad der er rigtigt, vil du så ikke blive accepteret?"

Han vidste, hvad der var rigtigt, men valgte at lade være med at gøre det. I stedet for vælger han at blive vred på Gud og på sin bror. 1 Mos 4,6-7 siger: "Hvorfor er du vred?" spurgte Gud. "Hvorfor går du og kigger ned i jorden? Når du gør det gode, kan du frit se andre i øjnene. Hvis du derimod gør, hvad der er ondt, så lurer synden ved din dør. Den ønsker at overmande dig, men du skal være herre over den."

Efter Adam og Evas fald, da Gud profeterede om Messias som "sæden" og ofrede et dyr for dem, må Adam have vidst, hvordan den faldne menneskehed skulle tilbede Gud og søge hans nåde, barmhjertighed, retfærdighed og ultimative frelse. Lige der i Edens Have tog Gud skridt til at vise, at hans førstefødte ville betale prisen for menneskets synd. Den førstefødte ville komme gennem Adams sæd – Jesus Kristus, vores Messias. Da menneskene ofrede den førstefødte af deres afkom, deres hjord eller førstegrøden af deres høst, var det en handling, som symbolsk mindede om, hvad Gud havde gjort og ultimativt ville gøre, da Jesus fuldførte det på korset.

Den eneste måde, dette offer kunne ødelægges på, var ved at hindre Jesus i nogen sinde at vise sig på planeten jorden. Kampen for at ødelægge Guds sæd, som der var blevet profeteret om i 1. Mosebog, fortsatte igennem alle tidsaldre lige fra Noas tid med syndfloden, den forsøgte ødelæggelse af Moses og alle hebraiske drenge i tiden omkring hans fødsel, drengebørnene, der blev myrdet af kong Herodes og endog Judas, som blev inspireret af djævelen selv til at forråde Jesus.

Jesus er vores førstegrøde og førstefødte, som ifølge sin pagt opstod, brød brødet, der repræsenterede hans legeme og uddelte vinen, som repræsenterede hans blod, og ydede det ultimative offer. Det er således passende, at vi, hver gang vi har nadver, mindes den førstefødtes værk, den anden Adam – Jesus Kristus vores Herre, og hans fuldendelse af værket på korset for os. Vi mindes derfor, hver gang vi deltager i nadveren, Herrens død, begravelse, opstandelse og snare genkomst. Det er også noget, som vil blive diskuteret senere.

I 1 Mos 22 læser vi historien om Abraham, der blev prøvet af Gud, da han blev bedt om at ofre Isak. Gud vidste, at han selv ville ofre Jesus, sin egen søn, engang i fremtiden som en tilgivelse for menneskenes synder. Selv om ofring af børn i hedenske religioner på den tid var almindeligt, sagde Abraham til sig selv, at Gud endog kunne oprejse den døde (Heb 11,19).

Nogle forskere tror, at det var på det bjerg, Gud fortalte Abraham sin plan om forløsning. Det kan ikke komme som nogen overraskelse, da Gud betragtede Abraham som sin ven og endog forudsagde ødelæggelsen af Sodoma og Gomorra, inden det skete. Det fik Abraham til at gå i forbøn for sin nevø Lot og hans familie.

Isak, som var den retmæssige lovede førstefødte, blev krævet af Gud som et offer. Nogle vil hævde, at Ismael, Hagars søn, var den førstefødte. Selv om han teknisk set var den førstefødte, var det ikke, hvad Gud havde til hensigt, for ikke at tale om havde lovet. Isak var den førstefødte fra Saras liv – den lovede søn. Også dette er endnu et tegn på, ligesom Kains ofring, at Sara "opfandt" sin egen "religion" ved at tage sagen i sine egne hænder. At få Hagars søn, kun for at Gud forkastede ham som arving til løftet. Ismael blev også velsignet, men de lovede velsignelser til den førstefødte gjaldt Isak. Gud prøvede således Abraham, ved at bede ham om at ofre sin førstefødte.

Vi kan ikke modificere Guds plan med vores egne planer og forvente, at han ændrer sin plan, så den passer til vores. På bjerget sørgede Gud selv for en vædder til offeret. Gud sørgede ligeledes for en vædder i skikkelse af Jesus Kristus på et andet bjerg, Golgata, til at blive vores offer. Guds evige planer kan ikke forpurres af menneskene, djævelen eller hans hærskarer. Helt til enden vil hver detalje af Guds plan blive fuldført. Jesus sagde i Matt 24,35: "Himlen og jorden skal forgå, men mine ord skal aldrig forgå."

2 Mos 13,11-16

Og når Herren fører jer ind i kana'anæernes land, som han for længe siden lovede jeres forfædre, skal alle jeres førstefødte sønner og førstefødte handyr gives til Herren, fordi det førstefødte tilhører ham. Men da æsler er urene dyr, skal I ikke give ham et førstefødt hanæsel. I stedet kan I give ham et lam eller et gedekid. Hvis I vælger ikke at give noget i stedet for æselføllet, skal I brække halsen på det. Og hvis I ikke vil give jeres førstefødte sønner til at tjene Herren, skal I indløse dem med et passende offer, som I giver til Herren i stedet for. I fremtiden, når jeres børn spørger: 'Hvad skal disse indløsningsofre gøre godt for?' skal I svare dem: 'Med vældig magt og mægtige undere udfriede Herren os fra slaveriet i Egypten. Farao nægtede at lade os rejse, og derfor slog Herren alle de førstefødte sønner i Egypten ihjel tillige med alle de førstefødte handyr. Det er derfor, vi nu giver vores førstefødte sønner og vores førstefødte handyr til Herren, selv om sønnerne kan indløses med et andet offer.' Jeg understreger igen, at denne tradition skal være som et mærke på jeres hånd og pande, et synligt tegn til minde om, at det var Herren, som med sin vældige magt førte jer ud af Egypten.

For at forløse de førstefødte blandt deres sønner, betalte tilbederne prisen for forløsning. Det skete kun for de førstefødte sønner. Enhver mandlig førstefødt blev gjort opmærksom på, at de var givet til Herren og tilhørte ham. Formålet med denne mindefest var, at Gud selv ofrede sin førstefødte. Da alle de førstefødte i Egypten blev ramt af plagen, var det den ultimative prøve, som fik farao til at give efter og lade israelitterne rejse.

Det må uden tvivl have været i faraos tanker, hvad han gjorde mod israelitternes drengebørn på Moses' tid, da han fik dem slået ihjel. Gud besejrede alle de ti store guder i Egypten og ydmygede dem spektakulært, da han viste sin suveræne herlighed og mægtige kraft. Hver plage, som kom over Egypten, var en direkte dom over deres guder og efterfølgere. Israels børn ville mindes dette for altid, ved at ofre alle de førstefødte af deres dyr og hellige alle de førstefødte drengebørn. Til sidst ofrede Gud selv sin førstefødte søn, som blev givet til os.

4 Mos 15,17-21

Herren sagde også dette til Moses: "Sig til Israels folk: Når I kommer ind i det land, jeg vil give jer, skal I ofre en smagsprøve af landets første høst til mig ved at tage noget korn fra tærskepladsen og bage et grovbrød af det. Loven om et offer fra den første høst skal gælde fremover fra slægt til slægt."

Ovennævnte skriftsted viser, at de ikke bare skulle komme med et hvilket som helst brød, men specifikt et brød, som var lavet af det første af deres malede mel. Læg mærke til, at der bliver lagt vægt på, at det er det første. Dette var ikke et almindeligt brød. Det var lavet af det første malede mel. Således ofrede de det første brød til Herren, et symbol på Messias, den førstefødte. Det taler om Jesus Kristus, som skal have førsteprioriteten i vores liv. Igen ikke et hvilket som helst brød, men det første. Det første tilhø,rer Gud – symbolet på den førstefødte.

5 Mos 26,1-4

Når I har taget det land i besiddelse, som Herren har lovet jer, og er begyndt at dyrke jorden, skal I hver især bringe den første del af hvert års høst i en kurv til præsten, der gør tjeneste i Herrens helligdom, og sige til ham: 'Denne gave er min påskønnelse af, at Herren har ført os til det land, han lovede vores forfædre. Præsten skal bringe din kurv hen til Herrens alter.

Som troende bliver vores "forjættede land" befriet fra et liv i synd og slaveri til indtræden i et liv med retfærdighed, frihed og tilgivelse i Kristus Jesus. Guds hvilested i dag er både Guds kollektive hus (kirken) og vores individuelle legemer (Helligåndens tempel). Dermed leder Gud os til at blive en del af en lokal kirke, mens han selv bor indeni os, hans tempel. Præsten er hyrden eller kirkens præst.

Vi skal derfor bringe vores førstegrøde til Guds hus (kirken), hvor han har anbragt os. Dette burde også give os en bedre forståelse af Jesu Kristi kirke. Det er ikke en verdslig organisation, men en åndelig organisme. Det hus, som Gud vælger som sin bolig. Jesus sagde: "Derfor siger jeg til dig: Du skal hedde Peter, og på den klippegrund vil jeg bygge min menighed. Djævelen vil aldrig kunne få magten over den." (Matt 16,18)

Neh 10,35-37

Vi lover også, at vi ved lodtrækning år efter år vil udpege hvilken slægt blandt præsterne, levitterne eller folket, der skal have ansvar for, at der altid er brænde til Herrens alter, sådan som det er foreskrevet i loven.

Vi lover, at vi år efter år vil bringe den første del af korn- og frugthøsten til templet som gave.

Vi lover at løskøbe vores førstefødte sønner og vores førstefødte husdyr, som loven foreskriver, og give beløbet eller dyrene til præsterne, der gør tjeneste i vores Guds tempel.

Da de landflygtige fra Israel vendte tilbage til Jerusalem for at genopbygge templet og dens mure under ledelse af Ezra og Nehemias, aflagde en udvalgt gruppe et løfte og bandt sig selv med en ed, at de fuldt ud ville adlyde Herren og følge hans befalinger. Dette var efter deres landflygtighed, som skyldtes, at de konstant havde undladt at følge Guds ords love og principper. Blandt andet var et af deres løfter, at de igen ville komme til Guds hus med deres årlige førstegrøde uden at forsømme at ofre deres førstefødte sønner, kvæg og småkvæg. Det er vigtigt at bemærke, at de førstefødte sønner ikke skulle ofres, men derimod indvies til Gud.

Dette lignede det løfte, som Hanna aflagde inden Samuels fødsel – at give ham til Herren. Bemærk, at dette ikke betyder, at enhver førstefødt skal være præst eller missionær. I dag regnes alle troende blandt de førstefødte. Vi har alle fået forligelsens tjeneste. Men enhver førstefødt i et hjem, dreng eller pige, bør altid være først i køen til at tilbyde en hvilken som helst tjeneste, som Guds hus forlanger. Dog skal vi huske, at vi alle tilhører Gud og er "førstefødte", og du er som "førstefødt" blevet symbolsk helliget hans formål. Husk dette næste gang, der bliver bedt om hjælp i Guds hus.

Salme 89,28 siger: "Jeg vil gøre ham til min førstefødte søn, den mægtigste konge på jorden." Selv om denne salme taler om kong David, taler den også profetisk om Jesus, den førstefødte. Jesus er billedet af den usynlige Gud, den førstefødte af al skabningen (Kol 1,15). Gud har forordnet, at vi, som tror på ham, vil blive regnet blandt de førstefødte. Dette er en ære og et privilegium.

Rom 8,29 siger: "Han kendte dem i forvejen, og han har bestemt, at de skal komme til at ligne hans Søn, så Jesus kan være den første af mange søskende." Det siges i Åb 1,4-5 (det danske bibelselskabs autoriserede oversættelse): "Fra Johannes til de syv menigheder i provinsen Asien. Nåde være med jer og fred fra ham, som er, og som var, og som kommer, og fra de syv ånder, som er foran hans trone, og fra Jesus Kristus, vidnet, den troværdige, den førstefødte af de døde og herskeren over jordens konger. Ham som elsker os og har løst os fra vore synder med sit blod." Jesus, den førstefødte af de døde, opstod og besejrede synd og død, så at vi i og gennem ham, også vil få liv og opstandelse.

Det skal her nævnes, at selv om den første kirke plejede at mødes i templets forgård og i hjemmene fortrinsvis på sabbatten, som var den syvende dag i ugen, flyttede de til sidst deres dag med gudstjeneste til den første dag i ugen – den dag, Jesus opstod. Igen bliver princippet om det første iagttaget her. Da Jesus lærte os at søge hans rige først, blev vægten lagt på "først". Matt 6,33: "Søg først Guds rige og gør hans vilje, så får I alt det andet i tilgift ." Dette vers er populært og ofte citeret, men et vigtigt ord bliver ofte overset - "først".

I dag kan vi acceptere dette princip på mange måder. For det første, eftersom de fleste troende bruger en gregoriansk kalender i stedet for en jødisk kalender, forsøg da at sætte en andel af månedens første løn til side udover din tiende, dine gaver og almisser som en "førstegrøde" gave til Gud. Gør det samme med årets første dividende, forretningsfortjeneste, ekstra indtægt og så videre.

De af jer, som troen tillader det, udfordrer jeg til, når I får jeres første officielle løn som ansatte, at give hele lønnen tilbage til Gud. Dette er en trosprøve. Kun de, som føler sig ledet til at følge denne test, bør gøre det. Jeg taler af erfaring. Du vil da opleve i resten af dit liv, at det vil være jobbene, der søger dig i stedet for, at det er dig, som søger job.

For at gå lidt længere, så gør det til en prioritet, at den første dag af ugen, søndag, bliver en dag, der er indviet til Gud. Gør det til et mål aldrig at gå glip af søndagsgudstjenesten, hvor du end er i verden – hjemme eller på opgaver i udlandet. Vær personlig tilstede eller online, hvor det er relevant. Selv da Johannes var i landflygtighed på øen Patmos, kom han om søndagen under Herrens magt. (Åb 1,10). Hvilken inspiration.

Brug måske mere tid i bøn og faste den første dag hver måned. Forsøg at bruge den første måned af hvert år indviet til faste og bøn inden for dine evners kapacitet og forståelse. Når du prioriterer tid til Gud, vil du opleve, at du udretter mere de resterende 11 måneder, end du ellers ville være i stand til at udrette efter menneskelige standarder.

Princippet med det første er at prioritere Gud over alt andet. Jesus sagde: "Ingen kan tjene to herrer. Enten vil man hade den ene og elske den anden, eller man vil satse på den ene og ignorere den anden. I kan ikke tjene både den sande Gud og pengeguden" (Matt. 6,24). Princippet med det første er praktisk at erklære, at Gud er den første i dit liv, dine ord og dine handlinger. Forslagene ovenfor er ikke "regler eller regulativer", men kreative veje til at mindes princippet om det første i erkendelse af Jesus.

I den menighed, jeg leder, tager vi hvert år tid til at give løfte om vores førstegrøde ved at afsætte midler til noget, vi kalder "nytårsløfte". Dette beløb er udover vores regelmæssige tiende, gaver, almisser og andet. Vi underviser menigheden om princippet med førstegrøde og førstefødte og tillader Helligånden at overbevise dem, der frivilligt vil deltage. Det handler om et hengivent forhold til Gud og om at sætte sin tro, tillid og håb til ham.

Ordspr 3,5-10

Stol på Herren af hele dit hjerte, følg ikke kun dine egne tanker. Søg Guds vilje i alt, hvad du gør, så vil han lade livet lykkes for dig. Vær ikke selvklog og egenrådig, adlyd Herren og tag afstand fra det onde, det giver sundhed til sjæl og krop, styrke til hele dit legeme. Brug din rigdom til ære for Herren, giv ham det første af hele din indtægt. Så vil han fylde din lade med korn og dine vinbeholdere med vin.

Stol derfor helhjertet på Gud. Ær ham med din førstegrøde. Din krop og sjæl vil have det godt, når du stoler på hans visdom og principper, som er modsat dine egne. Mens du ærer ham med din førstegrøde, vil du opleve det rige liv, som Jesus lovede. "Tyven kommer kun for at stjæle, slagte og ødelægge, men jeg er kommet, for at de skal have liv, ja overflod af liv." Den gode hyrde ofrer sit liv for fårene " (Johs 10,10). Når vi prioriterer Jesus ved at give vores førstegrøde og førstefødte, svarer det til at komme med en erklæring om, at Gud kommer først i vores liv. Af erfaring kan jeg fortælle dig, at når du sætter Gud først, kan du forvente, at han sætter dig først. Der er ingen diskrimination her, for Gud er ikke en Gud, der favoriserer. Men han er en Gud, som viser velvilje. Rent ud sagt, så høster vi, hvad vi sår. Når du sætter Gud først i dit liv, vil hans nåde naturligt hvile over dig. At give din førstegrøde er grundlæggende at anerkende prioriteten af Jesus.

Kapitel 5: Pagtstegn – anerkendelse af pagten med Jesus

Et pagtstegn, er en sjælden kombination af et tilsagn, knyttet til et højtideligt løfte, som er aflagt mellem Gud og en troende eller en troende og Gud. Når det drejer sig om en troende, som skaber et pagtstegn sammen med Gud, kan det involvere at søge et gennembrud i en umulig situation. Dette bør ikke forveksles med at prøve på at "bestikke" Gud eller "bøje hans arm", da vores Gud ikke er en Gud, der favoriserer. Han vælger at vise nåde mod, hvem han vil, som suveræn Gud. Når Gud skaber et pagtstegn med menneskene, skyldes det hans urokkelige kærlighed som en påmindelse til os.

Faste er for eksempel en god øvelse til at ydmyge sig foran Gud og opnå barmhjertighed fra ham. Men man skal ikke misforstå faste som et forsøg på at opnå særlig begunstigelser fra Gud. Det er en handling, hvor man ydmyger sig foran ham (Esajas 58). Når det drejer sig om pagtstegn, kan vi se i Bibelen, hvor mænd og kvinder afgav løfter, der skulle indfries, hvis de fik, hvad de bad om. Denne særlige form for ofre er kendt som at skabe et pagtstegn sammen med Gud.

1 Mos 9,12-17

Og jeg vil give jer et synligt tegn på denne evige pagt, som jeg opretter med jer og alle levende væsener. Jeg har sat min regnbue i skyerne. Den er tegn på mit evigtgyldige løfte til jer og til hele jorden. Når jeg sender regn over jorden, vil regnbuen komme til syne, og så vil jeg huske mit løfte til jer og de andre levende væsener: at der aldrig igen vil komme en oversvømmelse, som ødelægger alt liv. Når jeg ser regnbuen i skyerne, vil jeg huske min evige pagt med alle levende væsener på jorden. Regnbuen er tegnet på denne pagt."

Den allerførste gang, vi ser Gud skabe et pagtstegn med menneskene, er efter syndfloden på Noas tid. Efter at arken hvilede på bjerget Ararat, ofrede Noa en frivillig gave til Gud i erindring om guddommelig beskyttelse imod en global katastrofe. Gud var tilfreds med offeret og lavede en ubetinget pagt med hele menneskeheden. Han ville aldrig ødelægge jorden gennem en syndflod igen. Derefter skabte Gud et pagtstegn i form af en regnbue for at "huske" sin pagt eller snarere som en påmindelse til os. Vi skal bemærke, at regnbuen ikke var et tegn på Guds "glemsomhed". Den var et pagtstegn, en pagt, et "tegn", som fortalte, at han ville holde sit løfte.

3 Mos 2,1-3

Den, der ønsker at bringe Herren et afgrødeoffer, skal tage noget af sit bedste mel, hælde olivenolie over og drysse røgelse ovenpå. Derefter skal han bringe det til en af præsterne, som skal brænde en håndfuld af det på alteret som et lifligt mindeoffer for Herren. Resten af melet tilfalder præsterne som deres andel af Herrens højhellige ildoffer.

Mindeofferet var en del af afgrødeofferet, som blev bragt frivilligt til Gud som udtryk for hengivenhed. Det var ikke et offer for at betale for synder, men et udtryk for tilbedelse, lovprisning, hengivenhed og taknemlighed. Det var, hvad Noa gjorde (1 Mos 8,20-22). Det blev ikke fortæret af den, der ofrede det, men brændt som et pagtstegn over for Gud. Tilbederen gjorde dette for at ære Gud og vise ham ærbødighed og respekt i visheden om, at Gud ser til hjertet. Gud modtager denne frivillige gave og vil i sidste ende velsigne den tilbedende som svar på bøn.

Da Josva kæmpede mod de fem amoritterkonger, erklærede han (afgav et løfte), at han ville ødelægge fjenderne, hvis solen og månen stod stille i deres positioner. Gud imødekom ikke bare hans tilsyneladende umulige forlangende, men var også involveret i ødelæggelsen af fjenderne med hagl, som faldt over den flygtende hær. Dette var virkelig en umulig situation, men forlangendet kom som en anmodning til Gud, og han efterkom Josvas umulige bøn.

"Den dag, da Herren gav israelitterne sejr over amoritterne, bad Josva højt til Herren: "Lad solen stå stille over Gibeon, og lad månen standse i sin bane over Ajjalons dal." Og solen og månen stod stille, indtil israelitterne havde tilintetgjort deres fjender. Er det ikke sådan, der står i »Den Retskafnes Bog«? Den dag stod solen stille midt på himlen og ventede næsten en hel dag med at gå ned" (Josva 10,12-13). Forlangendet var menneskeligt umuligt, men Gud tillod det, da det sikkert var en test af Josvas løfte.

1 Sam 1,1-20.

I byen Rama i Efraims højland boede en mand, som hed Elkana. Hans far hed Jeroham, hans bedstefar hed Elihu, hans oldefar hed Tohu, og hans tipoldefar hed Zuf og kom oprindelig fra Betlehem.

Elkana havde to koner, Hanna og Peninna. Peninna havde børn, men Hanna havde ingen. Hvert år rejste Elkana sammen med sin familie til helligdommen i Shilo for at tilbede Herren, den Almægtige, og ofre til ham. Det var på den tid, da Elis to sønner Hofni og Pinehas gjorde tjeneste som præster. Når kødet fra offerdyret skulle fordeles, gav Elkana Peninna og hvert af hendes børn et stykke hver, men Hanna gav han to stykker, for han elskede hende, selvom Herren ikke havde givet hende børn. Peninna plejede at håne Hanna og komme med spydige bemærkninger, fordi hun ikke kunne få børn. Hvert år gik det på samme måde. Når de rejste op til Herrens hus i Shilo, gjorde Peninna så meget nar af Hanna, at hun græd og ikke ville spise.

"Hvad er der i vejen, Hanna?" plejede Elkana at spørge. "Hvorfor spiser du ikke? Hvorfor er du så ked af det? Betyder jeg ikke mere for dig end ti sønner?"

Engang, under offermåltidet i Shilo, rejste Hanna sig og gik over til Herrens Hus for at bede. Præsten Eli sad som sædvanlig på sin stol ved indgangen. I sin dybe smerte og under heftig gråd bad Hanna til Herren og aflagde et løfte. "Åh, almægtige Gud, om du dog ville forbarme dig og se min elendighed," bad hun. "Hvis du vil høre min bøn og give mig en søn, så vil jeg give ham tilbage til dig. Han skal tilhøre dig hele sit liv, og som tegn på det vil jeg lade være med at klippe hans hår."

Sådan bad hun i lang tid. Fra sin plads iagttog Eli hende og så, at hun bevægede læberne, men han kunne ikke høre hendes bøn, for hun bad i stilhed. Eli troede derfor, at hun var beruset. "Hvorfor kommer du her, når du er beruset?" sagde han: "Se dog at blive ædru!" Men Hanna svarede: "Nej, nej, herre, jeg er ikke beruset. Jeg er i stor nød, og jeg udøste mit hjerte for Herren. Du må ikke tro, at jeg er en dårlig kvinde. Jeg har hverken drukket vin eller øl. Jeg bad, fordi jeg er ulykkelig." "Hvis det er sådan, det forholder sig, så gå du blot herfra med fred," svarede Eli. "Må Israels Gud bønhøre dig, hvad du end har bedt ham om." "Tak for din venlighed," udbrød Hanna. Så gik hun derfra og deltog i offermåltidet og var ikke længere bedrøvet.

Tidligt næste morgen stod Elkana og hans familie op for endnu en gang at tilbede Herren, inden de vendte tilbage til Rama. Da de var hjemme igen, lå Elkana med sin kone Hanna, og Herren besvarede hendes bøn. Hun blev gravid, og inden året var omme, fødte hun en søn, som hun kaldte Samuel, for hun sagde: »Jeg bad Herren om at få en søn, og han hørte min bøn.«

Ovenstående historie handler om Hanna, som var i en umulig situation, hvor hendes rival konstant plagede hende. Selv om hun havde sin mands velvilje, var hendes moderliv lukket, og kun Gud kunne åbne det. Da hun forstod det umulige i sin situation og var ude af stand til længere at udholde sin rivals hån, appellerede hun til Den almægtige Gud i sin sjæls kvide med et højtidelig afgivet løfte. I vers 11 læser vi: - og aflagde et løfte: "Åh, almægtige Gud, om du dog ville forbarme dig og se min elendighed," bad hun. "Hvis du vil høre min bøn og give mig en søn, så vil jeg give ham tilbage til dig. Han skal tilhøre dig hele sit liv, og som tegn på det vil jeg lade være med at klippe hans hår."

Hun aflagde et løfte i erkendelse af Guds suverænitet og bad ham om at se til hendes elendighed og skabte et pagtstegn. "Husk mig Gud" - bad hun. En sjælden bøn forbundet med et løfte som et pagtstegn og i dette tilfælde en særlig appel om en førstefødt søn. Forbavsende var hendes løfte om at få en søn ganske enkelt at give ham tilbage til Gud. Hvilken inspirerende bøn. Situationen og omstændighederne i hendes liv bragte hende til et punkt, hvor hun tryglede Gud ud fra sin sjæls kvaler, og det kom op til ham som et pagtstegn. Herren besvarede i sandhed hendes bøn, og hun indfriede sit løfte. Vi læser om Samuel, Hannas førstefødte, som nu tjente foran Herren.

1 Sam 2,18-21

Samuel derimod tjente Herren, selvom han endnu kun var et barn. Han havde en efod af linned på magen til præsternes. Hvert år lavede hans mor en kappe til ham. Den havde hun så med, når hun kom til Shilo for at ofre sammen med sin mand. Før Elkana og Hanna rejste hjem fra Shilo, velsignede Eli dem med ordene: "Må Gud give jer andre børn i stedet for Samuel, som er givet til Herren." Og Gud velsignede Hanna, så hun blev gravid igen. Hun fødte i alt tre sønner og to døtre foruden Samuel, som voksede op hos Herren.

Dette pagtstegn kom frem for Gud, og han huskede Hanna. Han gav hende ikke bare en søn, men tre drenge mere og to døtre. Hun var velsignet udover, hvad hun havde bedt om. Samuel voksede op til at blive en af de største profeter i Israel. Dette skyldtes også arven fra en bedende mor, som indfriede sit løfte til Gud og en hengiven og tilbedende far, som årligt drog op til templet for at give sine ofre. Hendes umulige situation blev husket af Gud, da hun skabe et pagtstegn foran ham.

Mark 14,3-9

Jesus og disciplene var inviteret til spisning i Simon den Spedalskes hus i Betania. Mens de lå omkring bordet og spiste, kom en kvinde ind med en alabastkrukke fyldt med kostbar, aromatisk nardusolie. Hun knækkede krukkens hals og hældte olien ud over Jesu hoved. Nogle af gæsterne blev vrede og sagde til hinanden: "Sikken et spild af kostbar olie. Den kunne være solgt for en formue, og pengene kunne være givet til de fattige!" De skældte hende ud, men Jesus afbrød dem: "Lad hende være i fred! Hvorfor skælder I hende ud? Hun fortjener ros for det, hun har gjort for mig. De fattige har I jo altid iblandt jer, og dem kan I gøre godt imod, så tit I vil, men mig har I ikke altid. Hun har gjort sit til at forberede mig til begravelsen. Det siger jeg jer: Hvor som helst i hele verden budskabet om mig bliver forkyndt, vil denne fine handling også blive omtalt. Hun vil aldrig blive glemt."

Dette afsnit taler om en kvinde, som kom med en meget kostbar krukke olie, som kostede en hel årsløn, og den udgød hun over Jesu hoved. Hvilken bøn eller løfte, der end var i hendes hjerte, så ikke bare modtog Jesus det, men modtog offeret og sagde, at hun havde gjort noget godt. Uden hendes vidende var hun involveret i en episk, evig og historisk begivenhed, forberedelsen af Jesu begravelse. Dette offer blev et pagtstegn, og vi taler stadig om det og husker hende for det, som Jesus profeterede.

Disciplene irettesatte hende barsk for denne ødsle gave. Judas gik efter denne hændelse hen for at forråde Jesus. Det er værd at nævne her, at vores gave til Jesus til tider kan blive stærkt misforstået af andre – særlig af hans modstandere. Pointen er, at det er noget mellem den troende og Gud. Gud ser, hvad der er i vores hjerter og kender vores tanker. Han er trofast. Han svigter aldrig.

1 Kor 11,23-26

Det følgende er, hvad jeg har modtaget fra Herren, og hvad jeg også har givet videre til jer: Den nat, da Herren Jesus blev forrådt, tog han et brød, takkede Gud, brækkede det over og sagde: "Dette er mit legeme, som gives for jer. Spis det til minde om mig." Efter måltidet tog han også vinbægeret og sagde: "Dette bæger vin er mit blod, som besegler den nye pagt. Hver gang I drikker det, så gør det til minde om mig." Indtil Herren kommer, forkynder I derfor budskabet om hans død, hver gang I spiser af brødet og drikker af bægeret."

Et af de måske mest undervurderede afsnit i Bibelen, når det drejer sig om pagtstegn, er den nye pagt, som Jesus indgik med alle troende. Paulus siger klart, at Jesus ønskede, at nadverens elementer, brødet og vinen, skal indtages som et minde om ham. Jesus skabte et pagtstegn for alle troende, præcis som Gud gjorde med menneskeheden efter syndfloden på Noas tid. Derfor er det relevant for troende, som tager del i nadveren, ikke kun at huske Jesu død, begravelse, opstandelse og snare komme, men også at mindes den nye pagts kærlighed, nåde, barmhjertighed, tilgivelse, omvendelse, forsyn, beskyttelse og vores nye forvandlede liv med tegn, undere og mirakler.

Apg 10,1-8

I Cæsarea boede der en mand, som hed Kornelius. Han var officer ved det romerske regiment, der kaldtes »Det italienske«. Han var en religiøs mand, der sammen med hele sin husstand var gået over til jødedommen. Han hjalp de fattige i den jødiske menighed og bad regelmæssigt til Gud. En eftermiddag ved tretiden så han ganske tydeligt i et syn en engel, der kom hen til ham og sagde: "Kornelius!" Han stirrede skrækslagen på englen og udbrød: "Hvad er der, Herre?" Englen fortsatte: "Dine bønner og barmhjertighedsgaver har Gud taget imod som et vellugtende offer. Nu skal du sende nogle mænd til Joppe for at hente en mand, som hedder Simon Peter. Han bor nede ved stranden hos en garver, der også hedder Simon."

Så snart englen var forsvundet, kaldte Kornelius på to af sine tjenere og en gudfrygtig soldat blandt sine betroede folk. Han fortalte dem, hvad der var sket, og sendte dem derpå af sted til Joppe.

Kornelius var en gudfrygtig mand, som var karakteriseret ved sin gavmildhed over for dem, der var i nød, og for sine bønner. Læg mærke til, at han gav til dem, der havde behov, ikke de grådige. Det er sådan, at nogle af de mest gudfrygtige mennesker normalt også er de mest gavmilde mennesker. Ordspr 22,9 siger: "Gavmilde mennesker velsignes, for de deler deres mad med de fattige." Som vi læser ovenfor, var Kornelius virkelig velsignet, som englen sagde til ham i et syn: "Dine bønner og barmhjertighedsgaver har Gud taget imod som et vellugtende offer." Kornelius' bønner og gaver gjorde ham til den første hedning, som Peter blev udsendt til at forkynde evangeliet for efter udgydelsen af Helligånden på pinsedag.

Kombinationen af bønner og gaver bevæger på en eller anden måde himlen og jorden, rækker ud til umulige situationer og modtager enestående nåde fra Gud. Blandt alle hedningerne på jorden var Kornelius valgt af Gud. Peter fik meget specifikke instruktioner fra Gud om at tage af sted og forkynde for denne særlige og specifikke hedning. Hvilken ære og gunst for Kornelius.

Indtil da, trods Herrens befaling til disciplene om at forkynde evangeliet for alle folkeslag, var det stadig fremherskende en "jødisk" affære. Det var Paulus, som senere blev apostel for hedningerne og drog af sted for at prædike uden for Israel, takket være Kornelius' pagtstegn. Hans bønner og gaver åbnede tilsyneladende en "umulig" dør til tjeneste i den hedenske verden.

Præd 5,4-6

Det er bedre ikke at love noget end at love noget, du ikke kan holde. Lad ikke dine uoverlagte ord gøre dig skyldig i synd, så du må erkende over for præsten, at du ikke mente, hvad du sagde. Hvorfor gøre Gud vred, så han tager det fra dig, du har arbejdet for? Dagdrømmeri og tomme ord fører kun til skuffelser. Hav hellere ærefrygt for Gud.

Som vi læser i eksemplerne om pagtstegn, er det vigtigt at bemærke, at vi ikke skal aflægge et løfte letsindigt. Advarslen i Prædikerens Bog siger, at det er bedre at lade være med at aflægge et løfte end at aflægge et og ikke indfri det. Et pagtstegn er ikke noget, vi skaber hver dag, men når vi står over for situationer eller omstændigheder, som virker umulige, kan vi invitere Gud ind i scenariet ved at skabe et pagtstegn sammen med ham. Det er udelukkende mellem en troende og Gud.

Måske er der et fæstningsværk i dit liv, som du behøver at få brudt ned. Måske er der en umulig relation, som har brug for at blive repareret. Måske er du på et sted i livet, hvor du har bedt, fastet og prøvet alt, hvad der var brug for, men uden resultater hidtil. Husk her, at Guds svar til dine bønner kan være "ja", "nej", "vent" eller han forbliver simpelthen tavs. Gud hører alle bønner fra oprigtige hjerter med rene motiver (Jak 4,3). Han afgør stadig svaret, da han er suveræn.

Måske udvikler du en overbevisning i din ånd om, at dit gennembrud kun kræver et pagtstegn. Hvis det er tilfældet, så gå i gang og skab et pagtstegn sammen med Gud. Husk, når din bøn er opfyldt, at du ikke forsømmer dit løfte. Som vi læste tidligere: "Lad ikke dine uoverlagte ord gøre dig skyldig i synd" (Præd 5,4).

Da Jesus var på jorden, havde han et eneste mål, som med hans egne ord lyder - "Min mad er at gøre hans vilje, som sendte mig, og at fuldføre den opgave, han gav mig " (Johs 4,34). Den vilje var at gøre Faderen og Sønnen kendt for os (Johs 17,3). Denne opgave blev fuldført på korset, da han sagde "Det er fuldbragt" (Johs 19,30). Dette offer på korset er symbolet på et evigt pagtstegn, da dette lam blev slagtet fra verdens grundlæggelse (Åb 13,8b).

Jesus var og er det evige lam, der er den nye pagt for os. Jesu beslutning om at udholde korset og dets skam og at sidde ved Faderens høje hånd og gå i forbøn for os i dag skulle være nok håb og opmuntring for alle troende til at tage vores umulige situationer til Gud og skabe et pagtstegn. (Heb 12,1-3). Vores Herre, vores Gud, vores ven og vores broder, Jesus Kristus, beder stadig for os i dag.

Desuden efterlader Jesus os ikke alene – han sendte os Helligånden til at være vores trøster, indtil vi møder ham igen (Johs 16,7). Helligånden vil vejlede dig til hele sandheden. Når du bliver ledt af Helligånden til at skabe et pagtstegn sammen med Gud, så gå i gang og få dit gennembrud (Johs 16,13). At skabe et pagtstegn er grundlæggende at anerkende pagten med Jesus.

Kapitel 6: Så og høste – anerkendelse af Jesu belønning

Princippet med at så og høste er endnu et aspekt af bibelsk økonomi. Her bliver de troende opmuntret til at være specifikke, når de sår i forventning om en høst, så processen kan gentages. Som nævnt tidligere ønsker Gud, at vi skal være velsignede, så vi kan være en velsignelse, som der blev sagt til Abraham (1 Mos 12,1-3). Konceptet med at så og høste er et landbrugsmæssigt princip, og Gud bruger det til at fortælle, at når vi sår omhyggeligt, vil vi få en rigelig høst. Igen er denne høst ikke til selviske eller selvcentrerede formål, men for at være Guds udstrakte arm med velsignelser.
1 Mos 8,20-22 (fra det danske Bibelselskabs autoriserede oversættelse)
 Derpå byggede Noa et alter for Herren, og af alle de rene dyr og af alle de rene fugle bragte han brændofre på alteret. Da Herren indåndede den liflige duft, sagde han til sig selv: "Jeg vil aldrig mere forbande jorden på grund af menneskene, som kun vil det onde fra ungdommen af. Jeg vil aldrig mere udrydde alt levende, sådan som jeg nu har gjort. Så længe jorden står, skal såtid og høsttid, kulde og varme, sommer og vinter, dag og nat ikke ophøre."
Efter syndfloden og ødelæggelsen af den onde og syndige generation på Noas tid, gennemtrængt af Adams og Evas synd og udnyttet af de faldne engle, gik Noa ud af arken og kom med frivillige ofre til Herren. Gud kunne dufte aromaen fra offeret, og det behagede ham. Derefter indgår Gud en ubetinget pagt med Noa, om ikke at ødelægge jorden gennem en syndflod igen og udtaler nogle evige principper, som eksisterer den dag i dag. Blandt dem var såtid og høsttid eller med andre ord, at så og høste.
Dette princip går længere end til det landbrugsmæssige og påvirker også økonomi, som vi vil undersøge nærmere, og

selve de moralske principper hos menneskeheden. Paulus siger i Gal 6,7-10: "Bedrag ikke jer selv. Tag ikke Guds godhed for givet, for hvad et menneske sår, skal det også høste De, der investerer i deres eget selviske begær, vil høste død og ødelæggelse, men de, der investerer i det, som Helligånden ønsker, vil høste evigt liv ved Helligånden. Lad os ikke blive trætte af at gøre det rette, for det vil resultere i en rig høst, når tiden er inde, blot vi ikke giver op. Lad os derfor bruge enhver anledning til at gøre godt mod alle mennesker, men især mod dem, vi hører sammen med i troen på Kristus." Livet i almindelighed ifølge Bibelen er at høste, hvad man sår. Sår man i overensstemmelse med den kødelige natur, høster man ødelæggelse. Sår man i overensstemmelse med Ånden, høster man evigt liv. Derfor bliver vi opmuntret til at stræbe efter gudfrygtighed, da det vil producere en høst af retfærdighed i vores liv. Vi bliver også opmuntret til at lade være med at give op og at forblive vedholdende, da det kan være kedsommeligt og trættende at så. Men den, som sår samvittighedsfuldt og vedholdende i livet, vil få en endeløs strøm af høst og sæd tilovers.

For at vende tilbage til økonomien, så er formålet med at så og høste ikke at give til de fattige som med almisser eller at skabe et pagtstegn sammen med Gud med henblik på en umulig situation. I stedet for er dette princip udelukkende baseret på at søge den rigtige slags "jord" at så i, mens man forventer udbytte. Igen er dette ikke en "selvisk" handling, men snarere en bevidst handling, hvor man foretager en omhyggelig investering.

Når man f. eks. Investerer i aktiemarkedet, vil man omhyggeligt holde øje med, hvordan aktierne udvikler sig for at kunne forudsige udbyttet fra investeringen. At så og høste er på lignende måde at søge efter muligheder for at investere ind i Guds rige for at modtage velsignelser fra Gud til at kunne gentage processen.

Det er ikke alle troende, der har denne tankegang. Der er nogle, som forstår og praktiserer det: "Husk på, at de, der sår sparsomt, skal høste sparsomt, men de, der sår rigeligt, skal høste rigeligt. " (2 Kor 9,6). Her henvises til dem, som forstår og praktiserer. Det er ikke alle troende, som gør det.

Jesus selv forklarede princippet med at så og høste i relation til Guds ord, der bliver sået. Vi læser om dette princip i Matt 13, hvor han først talte i lignelser og senere forklarede lignelsen for sine disciple. Læg mærke til, at princippet om at så og høste kom i funktion her.

Matt 13,3-9

"En landmand gik en dag ud for at så korn på sin mark," begyndte han. "Da han strøede sædekornet ud, faldt noget på vejen, og fuglene kom og spiste det. Noget af kornet faldt på stengrund, hvor der kun var et tyndt lag jord. Det spirede hurtigt og voksede op, men eftersom rødderne ikke kunne udvikles i det tynde jordlag, tørrede planterne ud under den brændende sol. Noget af kornet faldt på steder, hvor der var tidselrødder i jorden, og tidslerne voksede op og kvalte de små kornplanter. Men noget af kornet faldt i god jord og gav 30, 60 eller 100 gange så meget, som der var sået. Lad dem høre, som har øre. "

Efter at have fortalt denne lignelse offentligt forklarede Jesus privat betydningen af den for sine disciple.

Matt 13,18-23

Nu får I så forklaringen på billedet med landmanden, der såede korn på sin mark: Nogle mennesker er som vejen. De hører budskabet om Guds rige, men tager ikke imod det. Så kommer den Onde og piller de ord væk, som blev sået i deres sind. Nogle er som den tynde jord på stengrund. Når de hører budskabet, tager de straks imod det med glæde. Men de lader ikke ordet slå rod, så det varer kun en tid. Når der kommer problemer eller forfølgelser på grund af ordet, giver de op og falder fra. Nogle er som jorden med tidsler i. De hører godt nok ordet, men de daglige bekymringer og den forførende materialisme kvæler ordet, så det ikke kan bære frugt. Men nogle er som den gode jord. De hører ordet og tager det til sig. Det bærer frugt i deres liv: 30, 60 eller 100 gange så meget, som der var sået.

Selv om sammenhængen af dette afsnit drejer sig om budskabet om Guds rige, bliver princippet om at så og høste forklaret. At så de forkerte steder vil ikke give resultater. Men sår man i god jord, vil man høste hundred, tres eller tredive fold. Hvis vi ser på dette ud fra et økonomisk perspektiv, så kender jeg ikke nogen bank på jorden, som vil give dig sådan et udbytte af din investering. Men "Himlens Bank" gør. Når vi investerer i god jord som en kirke, tjeneste eller et menneske, Gud lægger på vores hjerte, så forvent en rigelig høst fra Gud. I hver kirke, jeg har ledt, har jeg opmuntret menigheden til at så ind i missionsprojekter, missionærer eller kirker, som gør det godt. Vi har ikke kun hjulpet dem, som kæmper med økonomien (som i almisser), men vi har også bevidst givet til dem, som gør et godt arbejde (som med at så), så de kan gøre det endnu bedre. Et aspekt af mission er almisser, og et andet er at så og høste. Som følge heraf har Gud altid sørget for midler til os, så vi kan fortsætte med at være en velsignelse. Det er også et guddommeligt princip. Derfor opmuntrede Paulus korinterne til at følge makedonernes eksempel, som var kendt for deres ekstravagante gavmildhed.

2 Kor 9,6-15

Altid handler vi ud fra rene motiver. Vi tænker, før vi taler, er tålmodige, viser venlighed, adlyder Helligånden og viser kærlighed uden bagtanker. Vi lægger vægt på at sige sandheden og handle i Guds kraft. Vi kæmper efter Guds anvisninger med et sværd i højre hånd og et skjold i venstre.

Vi er blevet hædret, men også foragtet. Nogle taler godt om os, andre håner os. Nogle mener, vi vildleder folk, andre, at vi taler sandt. Nogle ignorerer os, mens andre anerkender os. Vi har været døden nær, og dog lever vi endnu. Vi er blevet pryglet, men dog ikke slået ihjel. Vi har oplevet sorg, men hele tiden glæder vi os. Vi er fattige, men vi beriger alligevel mange. Vi ejer intet, og dog har vi alt.

Kære venner i Korinth! Vi har talt frit fra leveren til jer, og I har en stor plads i vores hjerter. Vi ser ikke skævt til jer, men det er jer, der ser skævt til os. Vi elsker jer, som var I vores børn. Kan I ikke have den samme tillid og kærlighed til os, som vi har til jer?

Gør jer ikke til ét med de vantro. Kan godhed og ondskab arbejde sammen? Kan lys og mørke danne team? Kan Kristus og Djævelen trække i samme retning? Kan en troende og en ikke-troende være sammen om at tjene Herren?

Princippet, Paulus bruger til at illustrere deres gaver, var princippet med at så og høste. De troende bliver opmuntret til at så gavmildt og ikke sparsommeligt. Dette skulle gøres med glæde og et villigt hjerte. Ikke modvilligt, da Gud elsker en glad giver på samme måde, som han selv er en, der giver med glæde. Desuden vil du, når du får alle dine behov rigelig dækket, til alle tider blive velsignet af Gud til at forblive en vedvarende velsignelse. Fordelen ved at være en, der sår, er, at dit forråd af såsæd bliver større, så det kan producere en høst af retfærdighed.

I mellemtiden vil du blive beriget på enhver måde for at kunne være gavmild, og dine gaver vil skabe taksigelse til Gud. I det forudgående kapitel forklarer Paulus makedonernes indstilling, som udmærkede sig ved nåde til at give, og han ønskede, at korinterne også skulle udmærke sig i denne gave. Når jeg skriver denne bog, er det mit håb og min bøn, at enhver troende vil udmærke sig i nåden til at give eller i det mindste bliver inspireret til at gøre det efter at have forstået alle de syv bibelske økonomiske principper.

2 Kor 8,1-15

Venner, jeg vil gerne fortælle jer om, hvordan Guds nåde er kommet til udtryk i menighederne i Makedonien. Midt i deres mange trængsler har de oplevet en overvældende glæde, og midt i deres dybe fattigdom har de vist en utrolig hengivenhed, for de gav ikke bare, hvad de havde råd til, men de gav meget mere, kan jeg godt fortælle jer. Og de gjorde det helt af egen fri vilje. De bad os indtrængende om at tage imod deres pengegave, så de kunne få lov at være med til at hjælpe de nødlidende kristne i Jerusalem. De gav langt mere, end vi havde kunnet forestille os. Fordi de vidste, det var Guds vilje, gav de sig selv helhjertet, først og fremmest til Herren og derefter til os.

Derfor har vi bedt Titus om at rejse ned til jer og færdiggøre den indsamling, som han tidligere satte i gang hos jer. Ligesom I har overflod på så mange måder, stor tro, mange forkyndere, megen kundskab, stor begejstring og stor kærlighed til os, så vis jer også rige nu, hvor det gælder om at bidrage til denne kærlighedsgave.

Det er ikke nogen ordre, jeg kommer med. Men da andre har vist stor iver efter at være med i indsamlingen, vil jeg gerne se, hvor ægte jeres kærlighed er på det her område. Tænk på, hvordan vores Herre, Jesus Kristus, viste sin kærlighed og nåde. Han var rig, men blev fattig for jeres skyld, for at I ved hans fattigdom kunne blive rige.

Jeg mener, det vil være godt for jer at gøre det færdigt, som I begyndte på for et år siden. Det var jo jer, der tog initiativet til at begynde en indsamling. Gør den nu færdig med samme iver, som I havde i begyndelsen. Giv hvad I kan! Hvis I giver af et villigt sind, er det ikke så vigtigt, hvor meget I har at give af. Gud vil, at I skal give af det, I har – ikke af det, I ikke har. Det er jo ikke meningen, at I skal lide nød for at andre kan nyde. Det er et spørgsmål om at dele ligeligt. I har rigeligt i øjeblikket og kan hjælpe de andre. En anden gang, når I har brug for hjælp, kan de hjælpe jer. På den måde bliver goderne ligeligt fordelt. Husk på, hvad Skriften siger: "De, der samlede meget, fik ikke for meget. Og de, der samlede mindre, fik ikke for lidt."

Makedonerne havde en særlig nåde til at give. Vi burde alle bede Gud om denne nåde. Når de gav, var de ikke rige, de var i virkeligheden yderst fattige. At bruge fattigdom som en undskyldning for ikke at give er ikke bibelsk – det er bare en undskyldning. Ud fra "dyb fattigdom" strømmede makedonernes rige gavmildhed frem. Vi behøver ikke at være rige for at så – kun villige. Dette skete, fordi de først gav sig selv til Herren. Når du overgiver dig, vil du være i stand til at give alt – intet vil holde dig tilbage.

Hvis du kæmper med at få nåde til at give, skulle du måske først overgive dig til Herren i en fuldstændig overgivelse. Det vil hjælpe dig til at forstå, at alt, hvad du har, i virkeligheden stammer fra ham, og han vil aldrig svigte dig eller forlade dig, for ikke at tale om efterlade dig tomhændet. Salme 37,25 siger: "Overalt hvor jeg har færdedes i mit lange liv, har jeg aldrig set de gudfrygtige ladt i stikken eller deres børn tigge om brød." Nåden til at give er en guddommelig gave fra himlen, som alle troende burde længes efter at få og vokse i uanset deres økonomiske status. Begynd med at overgive dig betingelsesløst til Herren.

Bemærk, at overgivelse til Herren drejer sig om et hengivent, intimt fællesskab med Jesus Kristus. Vi skal konstant efterprøve vores relation til Jesus. Vi kan ikke "give ud", hvis vi ikke har "opgivet os selv". Opgiv dine selviske ambitioner og tomme indbildskhed og underlæg dig fuldstændig uden at holde noget tilbage fra Gud. Fil 2,3-4 siger: "Gør intet ud fra selviske motiver eller personlige ambitioner. Vær ydmyge og se op til hinanden, så I giver andre mere ære end jer selv. Sørg ikke bare for jeres egne behov, men tænk også på de andres." I det lys vil din opfattelse af, hvem han er, og hvem vi er, inklusive alt, hvad vi har, få det rigtige perspektiv. En gammel sang siger: "Vend dit blik mod Jesus, se fuldt ud ind i hans vidunderlige nåde. Da vil tingene på jorden blive underligt uklare. I lyset af hans herlighed og nåde." (oversat fra "Turn your eyes upon Jesus").

Makedonerne fulgte det eksempel, Jesus har givet os. Jesus blev fattig, så vi igennem ham kunne blive rige. 2 Kor 8,9 siger: "Tænk på, hvordan vores Herre, Jesus Kristus, viste sin kærlighed og nåde. Han var rig, men blev fattig for jeres skyld, for at I ved hans fattigdom kunne blive rige. " Enhver efterfølger af Kristus burde afspejle hans natur og være en giver og ikke en, der rager til sig. Så ind i andre og søg ikke efter belønning.

Når du sår og høster, så bed Gud om at lede dig til det rigtige menneske, den rigtige tjeneste, kirke, organisation eller anden frugtbar jord. Når man sår, er det med særligt henblik på at forvente en høst fra Gud. Din hensigt skal være at så, Guds del er at belønne dig for din investering. Når du høster din belønning, kan du gentage processen forfra. I virkeligheden er dette guddommeligt partnerskab med Gud.

At så, er at søge efter dem, der gør et godt arbejde og hjælpe dem med at gøre det endnu bedre. I løbet af årene, personligt og i tjenesten, har jeg gjort dette. Dette bliver ikke gjort for at dække et behov eller hjælpe i en krise, men det er derimod med en bestemt hensigt på grund af princippet om at så og høste. Vi ved, at som vi sår, sådan vil vi høste. Til Guds ære kan jeg sige, at indtil nu har Gud vedvarende ladet min "forrådslager af sæd" været fyldt. Det er altid en glæde og ære at tjene sammen med Gud.

Blandt andet søger vi også, hvordan vi kan være en velsignelse for Israel, fordi Gud sagde til Abraham: "Jeg vil velsigne dem, der velsigner dig, og forbande dem, der forbander dig. Og gennem dig vil alle jordens folkeslag blive velsignet." Derfor har den kirke, jeg leder, økonomisk bidraget til en messiansk jødisk menighed, som Gud har ledet os til at støtte. Vi gør dette i lydighed mod et bibelsk princip og takker Gud for hans trofasthed mod os.

Vi leder også halvårlige uddannelsesrejser til Israel for at lære kristne om landet og dets bibelske historie, samtidig med at vi velsigner landets økonomi med turisme. Den form for såarbejde behager naturligt Gud, og vi høster stadig fordelene af det. "Lad os ikke blive trætte af at gøre det rette, for det vil resultere i en rig høst, når tiden er inde, blot vi ikke giver op" (Gal 6,9).

Det er min tro, at Gud leder efter kar på jorden, hvorigennem han kan være en kanal til velsignelse for mange mennesker. Sådanne kar bør ses som trofaste til at give tiende, gaver, almisser, førstegrøde og pagtstegn, inden de bliver kandidater til at så og høste. Måske er du en kandidat til at være Guds økonom på denne jord i disse sidste dage. Es 45,3 siger: "Jeg giver dig skjulte skatte og rigdomme, som ligger gemt i mørket. For du skal vide, at det er mig, Israels Gud, som står bag din succes, at jeg, Herren, har udvalgt dig. " Udmærk dig i bibelske, økonomiske principper og oplev Guds rige forrådshus, som har ubegrænset kapacitet og ingen økonomiske kriser. At så og høste er grundlæggende at anerkende belønningen fra Jesus.

Kapitel 7: Offergaver – anerkendelse af Jesu ultimative kærlighed

Offergaver er måske indbegrebet af og det ultimative ved alle former for gavmildhed. Det er en gave, som koster giveren dyrt. Det er ikke en gave givet ud fra overflod. Det er bogstavelig talt at opgive, hvad der måske retmæssigt tilhører dig. Gud viste dette ved at give sin egen eneste søn. Jesus lagde sit liv ned for os. Han var ikke nødt til det, men han gjorde det på grund af kærlighed. Offergaver bør aldrig tages let, da der er betalt en høj pris for dem, selv for guddommelig kærlighed.

1 Mos 3,21

Derpå lavede Gud skindtøj til Adam og hans kone.

Et vigtigt vers, som let kan overses, når det drejer sig om menneskets fald, står i 1 Mos 3, vers 21. Der skete noget her – Gud lavede klæder af skind til at dække over deres nøgenhed. Et uskyldigt dyr måtte ofres i det, der var en fuldkommen verden inden synden. Dette var den første blodsudgydelse på planeten jorden. Det første liv blev ofret. Dyret måtte give alt for at dække over menneskenes skam og nøgenhed.

Dette var en forvarsling om Guds lam, som måtte give alt for at skaffe forløsning for hele menneskehedens synd – det ultimative offer. En synd, han ikke var skyld i. Han var ikke årsagen til den, men på grund af kærlighed betalte han den ultimative pris. I det lys, når vi læser endnu et berømt afsnit i Bibelen, kan vi hurtigt læse forbi tre meget vigtige ord i Johs 3,16.

Johs 3,16-21

Gud elskede nemlig verden så højt, at han gav sin eneste Søn, for at enhver, der tror på ham, ikke skal gå fortabt, men få det evige liv. Gud sendte ikke sin Søn til verden for at dømme verden, men for at verden gennem ham kunne opleve frelse.

De, der tror på ham, bliver ikke dømt. Men de, der ikke tror på ham, er allerede dømt, for de har nægtet at tro på Guds egen Søn. Dommen kommer som følge af menneskers egne valg. Da Lyset kom ind i verden, valgte de nemlig mørket frem for lyset. Det gjorde de, fordi deres handlinger var onde. Onde mennesker hader lyset og undgår det. De ønsker ikke, at deres handlinger skal komme frem i lyset. Men de, der følger sandheden, kommer frem i lyset, så det kan ses, at de har handlet efter Guds vilje.

Læg mærke til, at der i vers 16 står ”eneste”. Da Gud gav Jesus til verden, var det hans ultimative form for at give – en offergave. Gud gav ikke en af sine mange sønner. Der var kun EN. Det var det ultimative offer. Det ultimative udtryk for kærlighed. Han gav det bedste – intet mindre. Det var denne offergave, som erhvervede vores frelse. Denne frelse er gratis, men overhovedet ikke billig på nogen som helst måde.

Når vi fortæller evangeliet til ikke-troende, er det derfor vigtigt at påpege, hvad det har kostet, købt i kærlighed. Det er af denne grund, at enhver troende, aldrig bør tage sin frelse for givet. Det er derfor, vi beundrer og tilbeder Gud i ærefrygt, undren, respekt, ærbødighed og ydmyghed. Vi havde en gæld, vi ikke kunne betale. Han betalte en ”gæld”, som han ikke skyldte. Forunderlige nåde.

1 Krøn 21,22-26

David sagde til Ornan: ”Lad mig købe tærskepladsen af dig til dens fulde pris, så jeg kan bygge Herren et alter og få pesten til at standse.”

”Tag den bare, min herre og konge, og gør med den, hvad du vil,” svarede Ornan. ”Her, jeg giver dig mine okser til brændofferet, tærskeslæderne til offerbrænde og brug min hvede til afgrødeofferet. Jeg giver dig det hele!”

”Nej,” svarede kong David, ”jeg vil betale dig den fulde pris. Jeg kan ikke tage, hvad der tilhører en anden, og ofre det til

Herren. Jeg vil ikke bringe ofre, der ikke har kostet mig noget!"

Så betalte David Ornan 600 guldstykker for hele området, hvorefter han byggede et alter for Herren og ofrede brændofre og takofre. Han bad Herren om nåde, og Herren svarede ved at sende ild fra himlen, som fortærede ofrene på alteret.

Da Satan fik David til at tælle de kampklare mænd i 1. Krøn 21, syndede David mod Gud og mod Joabs råd og bragte skyld over Israel. Som følge heraf blev Gad sendt af Gud til David, for at han skulle vælge mellem tre domme, som Gud ville eksekvere. David valgte at falde i Herrens hænder, og en pest blev sendt, som ødelagde 70.000 mænd. Så lod Gud sig formilde, og David så en engel fra Gud med et draget sværd mellem himlen og jorden. David omvendte sig i sæk og aske. Derefter lod Gud profeten Gad sende for at sige til David, at han skulle bygge et alter på det sted, hvor englen stod, på Ornans tærskeplads.

David ønskede at købe tærskepladsen til en pris, da han forstod alvoren af sin synd mod Gud og Israels nation. Han sagde i vers 24: "Nej, jeg vil betale dig den fulde pris. Jeg kan ikke tage, hvad der tilhører en anden, og ofre det til Herren. Jeg vil ikke bringe ofre, der ikke har kostet mig noget!" Dette var en offergave. Den kostede David 70.000 mænd og prisen for en tærskeplads. Denne plads blev senere det sted, hvor kong Salomo byggede templet. David lærte om offer på den meget hårde måde, da det kostede ham dyrt sammen med tabet af mange uskyldige liv.

Senere i sin regeringsperiode ønskede David at bygge et tempel, en bolig for Gud, men dette projekt havde Gud bestemt, at Salomo skulle gennemføre. Men i 1. Krøn 22,14-16 læser vi om de anstrengelser David gennemgik for at sørge for dette projekt: "Med hensyn til templet har jeg gjort et stort forarbejde. Jeg har samlet næsten 4000 tons guld og 40.000

tons sølv samt umådelige mængder af jern og bronze. Jeg har også skaffet bjælker og stenblokke, og du kan selv sørge for mere. Mange erfarne arbejdere står til din rådighed, både stenhuggere, murere og tømrere, samt kunsthåndværkere, der kan udføre al slags arbejde i guld, sølv, bronze og jern. Gå blot i gang! Og må Herren være med dig." Dette var en offergave fra David. Han huskede sikkert, hvad det havde kostet at standse pesten, men nu udtrykte han sin hengivenhed i en omsorgsfuld offergave til Guds hus.

1. Krøn 29,1-5

Henvendt til hele forsamlingen sagde David: "Min søn Salomo, som Gud har udvalgt til at efterfølge mig på Israels trone, er endnu ung og uerfaren. Den opgave, der er ham betroet, er stor, for det er ikke et palads til et menneske, han skal bygge, men Herrens eget hus! Jeg har derfor gjort, hvad der stod i min magt for at forberede arbejdet. Jeg har samlet alt det guld, sølv, bronze, jern og træ, der skal bruges, foruden alle slags farvede smykkesten og mængder af marmor. For at bevise mit stærke ønske om at se Herrens hus blive bygget giver jeg derudover, hvad jeg personligt ejer af guld og sølv: 100 tons rent guld og 240 tons rent sølv til at overtrække bygningens vægge med og til anden udsmykning i templet. Hvem iblandt jer vil følge mit eksempel og bringe gaver til Herren? "

David gav ikke kun af landets skatte, men strakte sig langt for også at give fra sine personlige rigdomme, som vi læser i versene 3-5. Denne offergave inspirerede lederne og hærførerne til at følge trop. Man bliver ofte inspireret af andres offergaver. David gjorde dette på grund af sin hengivenhed over for Gud, og han var en mand efter Guds hjerte. Den form for offergaver finder ikke sted hver dag, men når muligheden viser sig. På grund af Davids kærlighed til Gud gik han ud over, hvad han var forpligtet til.

I relation til dette, er der en anden form for offergaver fra troende, og det er den daglige fornægtelse af vores syndige natur for at følge Kristus. I dag er vores legemer templer for Gud, hvor han bor. Hver gang vi siger "nej" til synd og "ja" til retfærdighed, er det en form for at tage vores kors op og fornægte vores syndige natur. Dette er også en offergave – en duft, der behager Gud. Fordi Gud ofrede sin søn på korset, bliver vi inspireret til at respondere med kærlighed, selvopofrelse og symbolsk, og hver dag tage vores kors op og følge ham.

1. Kong 17,7-16

Men nogen tid efter tørrede bækken ud, for der faldt ingen regn i landet. Da sagde Herren til Elias: "Tag af sted til landsbyen Zarepta oppe ved Sidon og slå dig ned der! Dér bor en enke, som jeg har befalet at sørge for dig." Så tog Elias til Zarepta. Uden for byens port så han en enke, der gik og samlede brænde. Han kaldte på hende og bad om lidt vand at drikke. Da hun gik for at hente vandet, tilføjede han: "Tag også lidt brød med til mig!"

"Jeg sværger ved Herren, din Gud, at jeg ikke har brød i huset!" svarede enken. "I melkrukken er der kun en håndfuld tilbage, og olivenolien er næsten brugt op. Jeg var netop i færd med at samle brænde for at bage et brød til mig og min søn af det sidste mel. Når vi har spist det, må vi lægge os til at dø."

"Du skal ikke være bange," sagde Elias. "Gå bare hjem og gør, som du har sagt. Bag brødet, men kom så tilbage og giv det til mig! Bagefter kan du bage noget til dig selv og din søn, for Herren, Israels Gud, siger: Melet i krukken vil ikke slippe op, og kanden med olie vil ikke blive tom, før Herren sender regn igen."

Så gjorde enken som Elias sagde. Elias og enken og hendes søn havde derefter nok at spise, for som Herren havde sagt gennem Elias, sådan blev det: Melet i krukken slap ikke op, og kanden med olie blev ikke tom.

Historien om Elias og enken i Zarepta er endnu et eksempel på en offergave, som bragte enken og hendes søn overnaturlig forsyning i en tid med hungersnød i landet. Elias kendte den triste situation med hendes fattigdom og den alvorlige hungersnød i landet. Men inspireret af Gud sagde han til enken, at hun først skulle give ham et stykke brød. Man kan sige, at princippet om "det første" som i førstegrøden og princippet om offergave var i funktion her. Det må have krævet meget tro af enken at gøre, hvad Elias bad om, men hun gjorde det, og Gud ærede hendes tro.

Fordi enken ofrede i tro på ordene fra en Guds mand, så blev melkrukken ikke tom, og oliekanden løb ikke tør. Offergaver kan føre os ind i Guds overnaturlige forsyn uanset hvordan klimaet eller den globale økonomiske tilstand er. Bibelske økonomiske principper fortrænger verdens principper. Når vi bliver tilskyndet af Helligånden til at ofre, særlig i tider med nød eller behov, så husk, at når vi søger Gud først, vil han møde vores behov (Matt 6,33).

Luk 21,1-4

Mens Jesus sad i templets forgård og underviste, lagde han mærke til en del rige mennesker, der lagde deres gaver i templets indsamlingsbøsse. En fattig enke kom også forbi og lod to småmønter falde i. Da sagde Jesus til disciplene: "Så I den fattige enke dér? Det siger jeg jer: Hun gav mere end alle de andre. De gav af deres overflod, men hun gav simpelthen alt, hvad hun ejede og havde!"

I Luk 21,1-4 læser vi om endnu en enke, som gav en offergave. Bemærk, at Jesus iagttog ofringerne. Næste gang, du er i kirke, og tiden kommer til indsamlingen, så husk, at Jesus iagttager. Hvad der fangede Jesu opmærksomhed, var ikke, hvad de rige gav af deres overflod, men denne fattige enke, som gav alt, hvad hun havde. Denne gave rørte Jesus, og han sagde, at "hun gav mere end alle de andre." Det var mere end værdien af gaven, men princippet i den: det var alt, hvad hun havde. Det var en offergave. En offergave taler altid om Jesus selv. Jesus blev vores ultimative offer.

Nogle bruger dette afsnit til at erklære, at det ikke betyder noget, hvor meget vi giver, så længe vi giver. En rigtig forståelse af afsnittet vil indikere, at det ikke var beløbet, som var i fokus her, men princippet med offer. Det handler ikke om rig eller fattig, men om, hvad der er tilovers. Ethvert rigt menneske kunne have gjort det samme. Engang blev en rig mand udfordret til at ofre alt til Jesus. Men han kunne ikke betale prisen – han gik sin vej.

Mark 10,17-22

Da Jesus ville gå videre, kom en mand løbende og faldt på knæ foran ham. "Mester, du er et godt menneske," sagde han. "Fortæl mig, hvad jeg skal gøre for at få del i det kommende liv?"

"Hvorfor kalder du mig god?" spurgte Jesus. "Det ord kan jo kun bruges om Gud. Og med hensyn til det, du spørger om, så kender du budene: Du må ikke begå drab, du må ikke bryde ægteskabet, du må ikke stjæle, du må ikke anklage nogen på falsk grundlag, du må ikke bedrage nogen, og du skal ære din far og din mor."

"Jamen, Mester," svarede manden, "alle de bud har jeg overholdt, fra jeg var ganske ung."

Jesus så kærligt på ham. "Du mangler én ting," sagde han. "Gå hjem, sælg alt, hvad du har, og giv pengene til de fattige. Så skal du få del i Himlens rigdom – og kom så og følg mig."

Manden blev ilde til mode over det svar og gik nedslået bort. Han var nemlig meget rig.

Her er det vigtigt at forstå, at dette ikke var en generel forudsætning for at blive en discipel af Jesus. Vi får ikke at vide, at vi skal sælge alt og give det til de fattige, inden vi kan blive en Jesu efterfølger. I dette særlige tilfælde havde denne mand gjort alting rigtigt. Men der var noget, som holdt ham tilbage – hans store rigdom. Fordi det var et fæstningsværk i hans liv, Jesus elskede ham og udfordrede ham til at ofre hele sin rigdom.

Denne mand kunne ikke gøre det og vendte simpelthen om og gik sin vej. Der er mange mennesker på jorden, som gør godt og endog kender Jesus, men finder det svært at betale den ultimative pris, når de bliver udfordret af Jesus på specielle områder. Der kan være tider i vores liv, hvor Helligånden prikker til vores samvittighed om, at vi skal give slip på noget. Når det sker, så vent ikke et eneste øjeblik, men underlæg dig Gud.

Det behøver ikke nødvendigvis at være rigdom. Det kan være karriere, en hobby, en ulige relation, en vane eller noget andet, som har taget Guds plads i dit liv. Vores Gud er en nidkær Gud og vil ikke dele sin ære med andre og slet ikke lade den tage hans plads. Det ironiske er, at hvis den rige mand var blevet lidt længere i stedet for at gå sin vej, ville han have hørt, hvad Jesus senere sagde til sine disciple. Han ville være blevet rigelig belønnet, hvis han havde ofret.

Mark 10,23-30

Jesus kiggede rundt på disciplene. "Hvor er det dog svært for rige folk at komme ind i Guds rige," sagde han. De stirrede forfærdet på ham. Jesus gentog: "Det er ikke let at komme ind i Guds rige, når man er bundet af sin rigdom. Ja, faktisk er det lettere for en kamel at gå gennem et nåleøje, end det er for en rig at gå ind i Guds rige."

Disciplene var rystede. De kunne ikke tro deres egne ører, men sagde til hinanden: "Hvem kan så få det evige liv?"

Jesus så på dem og sagde: "Hvad intet menneske kan gøre, det kan Gud, for Gud kan gøre alt."

"Hvad så med os?" spurgte Peter. "Vi har jo forladt alt for at følge dig."

Jesus svarede: "Det siger jeg jer: Alle, som har forladt deres hjem, brødre, søstre, far, mor, børn eller deres job for at følge mig og forkynde mit budskab, skal få det 100 gange igen nu her i det jordiske liv: nye hjem, nye brødre, søstre, mødre, børn og nyt arbejde – men også forfølgelser. Desuden får de det evige liv i den kommende verden.

Jesus lærte, at det var vanskeligt, men ikke umuligt, for den rige at komme ind i Guds rige. Når rigdom bliver vores sikkerhed, bliver Gud underordnet. Når rigdomme er underordnede, bliver Gud vores sikkerhed. Peter var forvirret over dette, for på det tidspunkt havde han og de andre disciple ofret alt for at følge Kristus. Det er trøstende at høre Jesu svar i versene 29-30. Hvad vi end har ofret for evangeliet, vil vi få igen hundrede gange i den nuværende tid trods forfølgelser og et evigt liv i kommende tidsaldre. Vi vil blive velsignet rigeligt, hvis vi giver opofrende.

Jeg har tænkt meget over forfølgelsesdelen i forbindelse med den samlede sum af Guds velsignelser. Det kan være, at når vi er så velsignede, bliver mennesker jaloux på vores velsignelser, og det kan medføre forfølgelse. Vi må forstå, at velsignelse ikke udelukker, men snarere inkluderer forfølgelse. Jesus selv sagde: "De, der har forfulgt mig, vil også forfølge jer " (Johs 15,20).

Jesu løfte er, at når vi giver opofrende, vil han velsigne os både i denne tidsalder og i de kommende tidsaldre. Denne form for offergaver kan kun blive født af Ånden ind i vores ånd, når vi i en hengiven relation bliver inspirerede til at give slip på alt. Da det at give er en nåde, er det også en åndelig handling. Man kan have en gavmild ånd, på samme måde som man kan være inspireret af en fattigdomsånd. Der er mange fattige mennesker, som er i besiddelse af en offervillig gavmild ånd, mens der er mange rige mennesker, som bliver hindret af en fattigdomsånd. Hvilken ironi?

Konceptet med offergaver går ud over materielle og sociale fordele. I Rom 12,1-2 opfordrer Paulus os til at blive et levende offer for Gud. "Kære venner, I har oplevet Guds nåde, og derfor beder jeg jer indtrængende om at give jer selv til ham som en levende offergave. Det glæder Gud, og det er den åndelige måde at tjene ham på. Jeres liv skal ikke styres af verdens tankegang. Lad i stedet Guds Ånd forvandle jeres tanker og vaner, så I kan glæde ham ved at leve efter hans vilje som gode og modne kristne. " Dette gør vi dagligt ved ikke at leve i overensstemmelse med verdens principper og tankegang, men forny vores sind til at være i overensstemmelse med Guds veje, principper og tankegang.

Lad ikke verden presse dig ned i sin form. Vær i stedet for et levende offer, som tjener og behager Gud. Ved at gøre dette vil du ikke kun opdage Guds vilje, men du vil også få et fornyet sind. Dette Kristi sindelag vil også frembringe Kristi karakter i os (1 Kor 2,16). Guds vilje er god, fuldkommen og velbehagelig. Fjendes vilje er ond, ufuldkommen og ubehagelig. Vælg derfor Guds opofrende vilje.

I Heb 13,15-16 bliver vi opfordret til at komme med et lovprisningsoffer til Gud: "Lad os på grund af, hvad Jesus har gjort, altid bringe lovprisningsofre til Gud. Lad os prise og takke Gud med vores ord. Men forsøm heller ikke at gøre godt og at dele med andre, for sådanne ofre glæder Gud." Igen ses det, at et lovprisningsoffer er, når du priser Gud, ikke fordi du har lyst til det eller har "råd" til at gøre det. Et lovprisningsoffer kommer frem i svære tider, når det sidste, dit kød ønsker at gøre, er at prise Gud.

I tider med vanskeligheder, sygdomme, død, depression, undertrykkelse, økonomiske og sociale udfordringer af alle slags giv ham da et lovprisningsoffer og fortsæt med at gøre godt ved at vise andre venlighed og godhed. Sådanne ofre har

Guds behag. Syng en ny sang for Herren. Lad alt, som har ånde, prise Herren (Ef 5,19).

I Salme 50,14-15 bliver vi udfordret til at ofre til Gud og kalde på ham i svære tider: "Kom hellere med en lovsang som takoffer, og opfyld jeres løfter til den almægtige Gud. Råb til mig, når I har problemer,så jeg kan gribe ind, og I kan give mig ære." Vores udfrielse vil få os til at ære ham.

Læg mærke til, at ofret er forbundet med et løfte i dette tilfælde. Gud selv lover at være vores befrier, når vi rækker ud mod ham med en taknemligheds offergave. Det kræver tro at ofre tak til Gud. Det, du siger, er i virkeligheden: "Gud, jeg har endnu ikke svaret på mine bønner og kan virkelig ikke se, hvordan denne krise skal løses. Men da jeg ved, at du kan bane en vej, hvor der end ikke synes at være nogen vej, så takker jeg dig i tro for svaret og priser dit navn."

Da David havde begået synd med Batseba, skrev han Salme 51, og i versene 17-18 erklærer han: "Du er ikke interesseret i slagtofre, mine brændofre formilder dig ikke. Det offer, du ønsker, er en ydmyg ånd, du længes efter at se et angrende hjerte."

Som konge kunne David havde ofret utallige ofre på alteret, men han forstod, at det største offer var en sønderknust ånd og et ydmygt hjerte. Et, som var følsomt for overbevisning om synd og Guds stemme. Et ydmygt hjerte efter Guds eget hjerte. Han lærte, at dette var et offer, som var acceptabelt for Gud.

Vores offergaver skal ikke kun komme fra rigdom eller materielle ting, men fra et oprigtigt hjerte af kærlighed til Gud. Heb 13,5-6 siger: "Hold jer fri af pengebegær og vær tilfredse med det, I har. Gud har jo sagt: "Jeg vil aldrig svigte dig eller forlade dig."Derfor kan vi med frimodighed sige: "Herren er min hjælper, så jeg vil intet frygte. Hvad kan mennesker gøre mig?" Når vores tillid er til Gud, og vi ved, at vores hjælp kommer fra ham, fordi vi har en hengiven relation til ham, vil der ikke være noget på jorden, som vi ikke vil være villige til at ofre. Når vi har Gud, har vi alt. Uden ham har vi ingenting (Matt 16,28).

Derfor siger Matt 16,26: "Hvad gavner det et menneske at vinde hele verden, hvis sjælen går fortabt? Findes der noget, der er mere værd end et menneskes sjæl?" Det ultimative er ikke at vinde hele verden, men at vinde Gud. Verden lover os øjnenes lyst, kødets lyst og pral med jordisk gods med al dets glimmer, glamour, trompeter og fløjter. Jesus inviterer os til at ofre alt ved korsets fod. Til gengæld vinder vi alt og evigt liv i al evighed sammen med ham.

Vi læser atter og atter om den første menighed, hvordan de troende solgte deres ejendom og besiddelser og lagde alle midlerne for apostlenes fødder, så de kunne dække behov (Apg 2,44-45; 4,32-37; 5,1-10). Vi læser også om snedige mennesker som Ananias og Safira, der foregav at ofre, men løj for Helligånden. Konsekvensen af denne handling var døden, da vi ikke skal håne Gud eller tage let på princippet om at give for at få berømmelse og formue.

Når vi kommer til et sted i vores vandring med Gud, hvor vi kan sige som Paulus: "Så længe jeg lever, lever jeg for Kristus. Og når jeg dør, bliver det endnu bedre" (Fil 1,21), så ser vi ikke længere på offeret som et tab, men som en vinding. I sandhed er svære aspekter af at give intet mindre end en tilbedelsesrespons til Gud for det, han har gjort for at reparere vores brudte forhold til ham. Denne relation kan kun blive genoprettet i og gennem Jesus. Som du ser, drejer det hele sig om Jesus. At give uden at anerkende Jesus er ikke andet end tom og unyttig religion.

Hvis vi betaler vores tiende og giver vores gaver, giver almisse, ofrer førstegrøden, skaber pagtstegn, sår, høster og ofrer uden at have et inderligt forhold til Gud, vandrer vi så ikke i Kains fodspor? Gud behøver ikke vores ofre eller gaver. Han ejer i sandhed alt. Han ønsker vores kærlighed og hengivenhed. Når vi kommer med gaver til Gud i erkendelse af, hvad han har gjort for os gennem Kristus, giver vi tilbedende og med en overbevisning fra Helligånden. Næste gang, du engagerer dig i et eller andet princip for at give, må Gud da inspirere dig til, ikke at lade noget komme mellem dig og ham. Må dine gaver og ofre være en liflig duft, acceptabel for ham. Offergaver er grundlæggende at anerkende Jesu ultimative kærlighed.

Kapitel 8: Bibelsk økonomisk administration – et kald til Guds principper

Der er mange andre afsnit i Bibelen angående de syv bibelske økonomiske principper, som jeg håber og beder om, at læserne vil blive inspireret til at studere og opdage på egen hånd. Denne bogs primære formål er at påpege, at hvert princip er bibelsk, og at de kan stå for sig selv. De er blevet præsenteret for at inspirere dig til at praktisere dem på grund af din kærlighed og hengivenhed til Jesus, ikke fordi vi giver religiøst eller modvilligt.

Apg 17,24-31

Der er en Gud, som har skabt verden og alt, hvad der er i den. Han er Herre over både himlen og jorden. Han bor ikke i menneskeskabte templer. Han har heller ikke brug for, at mennesker skal sørge for hans fornødenheder. Tværtimod, det er ham, der giver menneskene liv og ånde og alt andet. Han lod alle racer nedstamme fra det samme menneske og spredte folkeslagene ud over hele jorden. Han har fastsat, hvor længe hvert folkeslag skal bestå, og hvor dets grænser skal gå. Han skabte mennesket med en længsel efter Gud, så de i deres famlen måske kunne finde ham. Han er nemlig ikke ret langt borte fra en eneste af os, for han giver os liv, bevægelse og eksistens, ligesom en af jeres egne digtere har sagt: 'Vi tilhører også hans slægt.' Når vi er i slægt med Gud, så ligner vi ham, og så skal vi ikke tænke på Gud som et billede i guld, sølv eller sten, et billede, der er formet ud fra menneskelig tankegang og kunstnerisk dygtighed. Nok har Gud båret over med tidligere tiders uvidenhed, men nu befaler han, at alle mennesker, hvor de end er, skal vende om til ham. Han har nemlig fastsat en dag, hvor han vil afsige sin retfærdige dom over alle mennesker i hele verden. Det vil han gøre sammen med en bestemt mand, som han har udvalgt til den opgave, og for at hjælpe alle mennesker til at tro det, har han oprejst ham fra de døde.

Mens Paulus var i Athen, underviste han om Guds storhed og suverænitet. Her forklarede han, at til forskel fra andre guder har vores Gud skabt alle ting og behøver ikke noget fra os. Han skabte os, sørgede for os og bevarer os, så at vi kan erkende ham, søge ham, række ud mod ham og tilbede ham. Ganske vist bar Gud i fortiden over med menneskers uvidenhed, når de tilbad afguder. Efter at Jesus er kommet, befaler han nu, at vi skal omvende os, fordi Jesus vil vende tilbage for at dømme verden. Derfor har vores hengivne tilbedelse af Gud nu mere betydning end nogen sinde.

1. Når du betaler din tiende, anerkender du Jesu herredømme.

2. Når du giver dine gaver, anerkender du Jesu gerning og ønsker at støtte den.

3. Når du giver almisser, anerkender du Jesu godhed og ønsker at være en udvidelse af den.

4. Når du kommer med din førstegrøde eller frikøber din førstefødte, anerkender du prioriteten af Jesus.

5. Når du skaber et pagtstegn, anerkender du pagten med Jesus.

6. Når du sår i forventning om at høste, anerkender du Jesu belønning.

7. Når du giver offergaver, anerkender du Jesu ultimative gave

Det er meningen, at alle syv principper skal praktiseres som en følge af den troendes stadige relation med Jesus. Uden den vil den troende bare praktisere et meningsløst religiøst ritual, som om Gud behøvede noget fra os. Gud skabte alt og har ikke brug for noget. Den ære og det privilegium, der er udstrakt til os, er at være i stand til at bringe ham noget, og det bør aldrig tages for givet.

Vi giver ikke for at få belønning. Vi giver af kærlighed og hengivenhed. Men med kendskab til vores gavmilde Gud, så vil han velsigne, når vi giver, hvis vi gør det helhjertet med forståelse af de bibelske principper. Gud skylder ikke nogen mennesker noget, og ingen kan nogen sinde udtømme Guds rigdomme.

Ved afslutningen af denne bog er det relevant at se på nogle bibelske økonomiske principper om administration. Da Gud skabte Edens Have og anbragte Adam og Eva i den, løb fire floder gennem haven for at give den vand og næring.

1 Mos 2,10-14

I Eden udsprang en flod, som vandede haven. Uden for haven delte den sig i fire mindre floder. Den første flod hedder Pishon. Den bugter sig omkring landet Havila, hvor der findes guld af fin kvalitet samt bedellium og ædelsten. Den anden flod kaldes Gihon. Den løber gennem landet Kush. Den tredje flod kaldes Tigris. Den løber langs med Assyriens østgrænse. Den fjerde flod kaldes Eufrat.

Ovennævnte afsnit er vigtigt, fordi det taler om livskilder, som vander Edens Have. Gud ønskede, at Adam skulle have fire forskellige kilder at regne med, ikke kun en. Dette taler symbolsk om vores mulige kilder til forsyning i dag. Det er almindeligt for mennesker kun at stole på en kilde til indkomst gennem hele deres liv.

Men jeg udfordrer dig til at være kreativ og se på de talenter, du er blevet udstyret med. Gud har sammensat os med hver eneste evne og talent, vi nogen sinde vil få brug for fra vores moders liv, endog før fødslen. Det er min tro, at hvis hvert menneske søger Gud for at få guddommelig visdom, vil han give dig kreative ideer til at få mere end en kilde til indkomst gennem dit liv. Dette vil blive meget nyttigt, især hvis en kilde "tørrer ind", så vil du have andre kilder at stole på. Det kræver visdom, kreativitet og guddommelig vejledning.

Vi kan let blive vant til verdens veje og tro, at tingene vil fortsætte, som de altid har gjort. Men ifølge Bibelen vil der komme en tid, hvor denne verden vil blive rystet i sin grundvold, og alle de verdslige systemer, som menneskene havde tillid til og stolede på, vil blive rystet. I sådan en tid vil vi have brug for at stole på bibelske principper, som ikke vil blive rystet. Himmel og jord skal forgå, men Guds ord forbliver for evigt – urokkeligt.

Haggaj 2,6-9

"Snart vil jeg endnu en gang ryste himlen og jorden, både havet og landjorden. Ja, jeg vil ryste alle verdens nationer, så deres kostbarheder bliver bragt hertil, og jeg vil fylde templet med min herlighed. Sølvet og guldet tilhører nemlig mig.

I skal få at se, at dette tempel bliver herligere end det forrige tempel, for jeg vil lade min fred og velsignelse være over dette sted," siger Herren, den Almægtige.

Profeten Haggaj talte om en tid, hvor de himmelske og globale systemer ville blive rystet – igen. Hovedformålet er at give æren tilbage til Gud, for den tilhører ham. I den proces vil "sølv og guld", som taler om økonomiske systemer, også blive rystet. Det er vigtigt, at alle troende forstår og praktiserer bibelske økonomiske principper, så at når de verdslige økonomiske systemer bliver rystet, bliver vi ikke påvirket. Gudfrygtige principper vil altid beskytte os og sørge for os.

Salme 91,3-9

Han bevarer dig fra at gå i fælden, redder dig fra dødelige sygdomme. Han dækker dig med sine fjer, du er tryg under hans vinger. Du kan fuldt ud stole på hans hjælp. Du skal ikke ligge vågen om natten af frygt, eller være bange for de pile, der flyver om dagen. Du skal ikke ængstes for at blive syg om natten, eller for at ulykker skal ramme dig ved højlys dag. Om så tusinde falder ved siden af dig, eller ti tusinde bukker under omkring dig, skal ulykken ikke ramme dig. Med dine egne øjne får du at se, hvordan gudløse mennesker bliver straffet.

Ovennævnte salme taler om overnaturlig beskyttelse og forsyn midt under dødelige sygdomme, pest, terror, død og ødelæggelse. Det, der bevarer os trygge midt i tider som dette, er ikke naturlige principper, men overnaturlige principper. Derfor skal vi som troende træne os selv i økonomiske principper, der går udover naturlig administration, men snarere er overnaturlige principper. Da vil vi kunne iagttage ødelæggelsen omkring os, men ikke selv blive skadet af den.

Fil 4,10-20

Jeg priser Herren og er inderlig taknemmelig for, at jeres omsorg for mig er blomstret op igen, og for den gave, I har sendt mig. Jeg ved godt, at I hele tiden har ønsket at hjælpe mig, men at I ikke havde mulighed for det. Det er ikke, fordi jeg led nogen nød, for jeg har lært at være tilfreds med det, jeg har. Jeg ved, hvad det vil sige at klare mig med lidt, såvel som hvordan det er at have overflod. Jeg har lært hemmeligheden ved at være tilfreds i enhver situation, hvad enten jeg kan spise mig mæt eller må sulte, hvad enten jeg har overflod eller lider mangel. Alt dette kan jeg klare ved den styrke, Kristus giver mig. Men det var smukt af jer at hjælpe mig i min vanskelige situation.

I ved, at dengang jeg kom til jer med budskabet om Kristus og så siden rejste videre og forlod Makedonien, var I, kære filippere, den eneste menighed, der støttede mig økonomisk. Selv da jeg var i Thessaloniki, sendte I mig indtil flere gange, hvad jeg havde brug for. For mig er det ikke selve gaven, der er det vigtigste, men den stadigt voksende belønning, I kan se frem til at få engang.

Jeg takker for den rundhåndede gave, Epafroditus kom med fra jer, og nu har jeg rigeligt. Det var som en offergave fra jer med en liflig duft, som Gud har glædet sig over. Og min Gud vil af sin herlige rigdom gennem Jesus Kristus give jer alt, hvad I har brug for. Lovet være Gud, vores Far, i al evighed! Amen.

Inden Paulus afsluttede sit brev til filipperne, takkede han dem for den gave, de havde sendt til ham. Mange troende citerer vers 13 om at være i stand til at gøre alle ting gennem Kristus. I virkeligheden taler sammenhængen i hele det afsnit om at være tilfreds. Paulus vidste, hvad det ville sige at have meget eller at mangle, og derfor var hans holdning i begge situationer: at være tilfreds.

Der er tider i vores liv, hvor vi måske har rigeligt – glæd dig over det. Der kan være andre tider i vores liv, hvor vi måske mangler – lær da at være forsigtig. Josef blev placeret i Egypten med netop det formål, at hjælpe dem med at administrere deres afgrøder i de syv år med overflod, så det kunne strække til i de syv år med hungersnød.

Selv om Paulus bød deres gave velkommen, forventede han den ikke, Han var forberedt på at klare sig med det, han havde. Men han sagde, at deres gave var en "liflig duft", som behagede Gud. Det var en "offergave", da den sikkert havde kostet dem en del. Han sagde, at gaven ville blive godskrevet dem, da de bestemt ville høste, hvad de havde sået. Desuden var han sikker på, at Gud ville give dem alt, hvad de havde brug for – ikke i forhold til grådighed. Over alt andet blev Gud æret og herliggjort.

Haggaj 1, 3-6

Mener I virkelig, at det er rigtigt af jer at bo i fornemme huse, når mit hus stadig ligger i ruiner? Tænk over, hvordan det går med jer: I planter og sår, men får en dårlig høst. I mangler både mad og drikke og tøj, og jeres arbejdsløn forsvinder som i en hullet pung.

Vi slutter med en besindig advarsel fra Haggaj i en tid, hvor folket havde styrken til at arbejde, skaffe sig velstand, så, høste og spise, men syntes at være utilfredse. Det, de tjente, virkede, som om det blev puttet i en pung med huller i. Hvor ironisk. Denne forbandelse var over dem, fordi de forsømte Guds hus, og hans velsignelser derfor blev holdt tilbage. Hvis vores forbrug er større end vores indkomst, vil vi stadig mangle, selv om vi tjener meget. Men når vi sætter Gud først, vil han hjælpe os med at styre vores indtægt i en sådan grad, at der bliver overflod.

Sammenlign med Israels børn, som vandrede i ørkenen i 40 år og ikke havde brug for noget. Der står i 5 Mos 29,4-5:"I 40 år har han ført jer gennem ørkenen uden at jeres tøj og sko blev slidt op. I fik hverken almindeligt brød eller vin og øl, men Herren sørgede for jeres behov for at lære jer at sætte jeres lid til ham som Herren, jeres Gud."

Det har altid fascineret mig,at deres klæder ikke slidt og heller ikke deres sandaler. Dette taler om Guds praktiske hjælp helt ned til de mindste detaljer. Naturligvis må størrelsen af deres klæder for ikke at tale om sandalerne have ændret sig under den 40-årige rejse i ørkenen. Det er et mirakel, at Gud overnaturligt sørgede for, at de ikke blev slidt op. Dette er tegn på overnaturlige forsyninger.

Når vi afslutter denne bog, appellerer jeg til mine brødre og søstre, at I praktiserer alle de syv bibelske økonomiske principper. Vær gode forvaltere af alt det, Gud har betroet jer. Søg efter at blive en kanal for Guds velsignelse til denne verden. Lad jeres gaver blive en liflig duft, velbehagelig for Gud, og giv ham herlighed og ære. Selv om I er involveret og engageret i global økonomi, så forsøm ikke bibelsk økonomi. Guds principper er evige, og de virker overalt. Må I hver især engagere og involvere jer og praktisere alle de syv bibelske økonomiske principper og opleve overnaturlige forsyninger i jeres forrådshus. Det beder jeg om i Jesu Kristi navn. Amen.